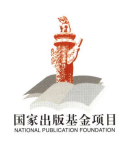

国家出版基金项目
NATIONAL PUBLICATION FOUNDATION

"十四五"国家重点图书出版规划项目

中国语言文化典藏系列　组委会

主　任
田学军

执行主任
田立新

成　员
宋　全　杨　芳　刘　利　郭广生　顾　青
张浩明　周晓梅　刘　宏　王　锋　余桂林

中国语言资源保护工程

中国语言文化典藏系列　编委会

曹志耘 王莉宁 李锦芳 主编

中国语言文化典藏·洪洞

乔全生 王晓婷 赵海英 著

商务印书馆
SINCE 1897
The Commercial Press

序

随着现代化、城镇化的快速发展，我国的语言方言正在迅速发生变化，而与地域文化相关的语言方言现象可能是其中变化最剧烈的一部分。也许我们还会用方言说"你、我、他"，但已无法说出婚丧嫁娶各个环节的方言名称了。也许我们还会用方言数数，但已说不全"一膈穷，两膈富……"这几句俗语了。至于那些世代相传的山歌、引人入胜的民间故事，更是早已从人们的生活中销声匿迹。而它们无疑是语言方言的重要成分，更是地域文化的精华。遗憾的是，长期以来，我们习惯于拿着字表、词表去调查方言，习惯于编同音字汇、编方言词典，而那些丰富生动的方言文化现象往往被忽略了。

2017 年，中共中央办公厅、国务院办公厅《关于实施中华优秀传统文化传承发展工程的意见》首次提出"保护传承方言文化"。2020 年，国务院办公厅《关于全面加强新时代语言文字工作的意见》明确提出"科学保护方言和少数民族语言文字"。语言方言及其文化的保护传承写进党和政府的重要文件，具有重要的历史意义。党中央、国务院的号召无疑是今后一个时期内，我国语言文字工作领域和语言学界、方言学界的重要使命，需要我们严肃对待，认真落实。

中国语言资源保护工程于 2015 年启动，已于 2019 年顺利完成第一期建设任务。针对我国传统语言方言文化现象快速消失的严峻形势，语保工程专门设了 102 个语言文化调查点（包括 25 个少数民族语言文化点和 77 个汉语方言文化点），按照统一规范对语言方言文化现象开展实地调查和音像摄录工作。

为了顺利开展这项工作，我们专门编写出版了《中国方言文化典藏调查手册》（商务印书馆，2015 年）。手册制定了调查、语料整理、图册编写、音像加工、资料提交各个阶段的工作规范；并编写了专用调查表，具体分为 9 个大类：房屋建筑、日常用具、服饰、饮食、农工百艺、日常活动、婚育丧葬、节日、说唱表演，共 800 多个调查条目。

调查方法采用文字和音标记录、录音、摄像、照相等多种手段。除了传统的记音方法以外，还采用先进的录音设备和录音软件，对所有调查条目的说法进行录音。采用高清摄像机，与录音同步进行摄像；此外，对部分语言方言文化现象本身（例如婚礼、丧礼、春节、元宵节、民歌、曲艺、戏剧等）进行摄像。采用高像素专业相机，对所有调查条目的实物或活动进行拍照。

这项开创性的调查工作获得了大量前所未有的第一手材料。为了更好地保存利用这批珍贵材料，推出语保工程标志性成果，在教育部语言文字信息管理司的领导下，在商务印书馆的鼎力支持下，在各位作者、编委、主编、编辑和设计人员的共同努力下，我们组织编写了《中国语言文化典藏》系列丛书。经过多年的努力，现已完成 50 卷典藏书稿，其中少数民族语言文化典藏 13 卷，汉语方言文化典藏 37 卷。丛书以调查点为单位，以调查条目为纲，收录语言方言文化图片及其名称、读音、解说，以图带文，一图一文，图文并茂，EP 同步。每卷收图 600 幅左右。

我们所说的"方言文化"是指用特殊方言形式表达的具有地方特色的文化现象，包括地方名物、民俗活动、口彩禁忌、俗语谚语、民间文艺等。"方言文化"是一个新的研究领域，需使用的调查、整理、加工方法对于我们当中很多人来说都是陌生的，要编写的图册亦无先例可循。这项工作的挑战性可想而知。

在此，我要向每一个课题的负责人和所有成员道一声感谢。为了完成调查工作，大家不畏赤日之炎、寒风之凛，肩负各种器材，奔走于城乡郊野、大街小巷，记录即将消逝的乡音，捡拾散落的文化碎片。有时为了寻找一个旧凉亭，翻山越岭几十里路；有时为了拍摄丧葬场面，与送葬亲友一同跪拜；有人因山路湿滑而摔断肋骨，住院数月；有人因贵重设备被盗而失声痛哭……。在面临各种困难的情况下，大家能够为了一个共同的使命，放下个人手头的事情，不辞辛劳，不计报酬，去做一项公益性的事业，不能不让人为之感动。

然而，眼前的道路依然崎岖而漫长。传统语言方言文化现象正在大面积地快速消逝，我们在和时间赛跑，而结果必然是时间获胜。但这不是放弃的理由。著名人类学家弗雷泽说过："一切理论都是暂时的，唯有事实的总汇才具有永久的价值。"谨与大家共勉。

曹志耘

2022 年 4 月 13 日

目录

一 洪洞

洪洞县位于山西省南部，地处临汾盆地北端，东隔霍山与古县交界，西靠吕梁市与蒲县相连，北与霍州市、汾西县为邻，南与临汾尧都区接壤。东部为霍山，西部为吕梁山系，中部汾河自北向南纵贯，地势总体东西高、中部低，地貌可分山地、丘陵、山前倾斜平原、河谷阶地。地理位置：东经 111°30′—112°50′，北纬 36°05′—36°23′。海拔 440—2551 米。全县东西 49.6 公里，南北 48.2 公里，总面积约 1500 平方公里。现辖 9 个镇、7 个乡，463 个行政村，面积 1494 平方公里，总人口 76 万（2015 年），是山西省第一人口大县。

洪洞县是由原洪洞、赵城二县于 1954 年 7 月 1 日并置的，政府驻地原洪洞县城，故仍名洪洞县。传统认为，"洪洞"是取"城南洪崖、城北古洞"而名。但此说难合今音。宋《广韵》解释："洞，洪洞县名，在晋州北，徒红切。"读 tóng，与今音一致。洪洞县历史悠久，在唐、虞、夏、商时代均为冀州所辖。西周时，洪洞属杨侯国，赵城属赵国。春秋时，洪洞属杨县，赵城属彘县，均属河东郡。西汉沿用春秋制。东汉时，彘县改为永安，洪洞仍称杨县。三国时，洪、赵属魏。西晋时，沿用魏制。十六国时，两县均属平阳郡。北魏时，仍属平阳郡，洪、赵属禽昌县。隋始置赵城县，义宁二年（618 年）改杨县为洪洞县，县治迁今洪洞县城，两县均属临汾郡。洪、赵二县自隋置县以来，一直沿传于现代。唐时均属晋州。北宋、金时均属平阳府。元代洪洞属晋宁路，赵城属霍州。明清洪、赵属平阳府。乾隆三十七年（1772年），升霍州为直隶州，领灵石、赵城二县，州治在霍州，洪洞仍属平阳府。民国初，洪、赵均属河东道。抗日战争爆发后，洪、赵属第六专署。解放战争时期，洪洞归二专区管辖，赵城归一专区管辖。1950年两县政府各驻县城，洪、赵均属临汾专署管辖。1954年7月1日，洪、赵两县合并为洪赵县，县治在洪洞城，属晋南专署。1958年10月，洪赵县与霍汾县合并，称洪洞县，县治在洪洞县城。1959年9月，霍汾从洪洞分出，恢复原置。1971年，临汾与运城分署分置，洪洞归临汾行署管辖至今。

民间流传的"问我祖先在何处，山西洪洞大槐树"是山西洪洞大槐树移民的真实写照。600年前明洪武到永乐年间，政府在洪洞大槐树下有组织、有计划地大规模迁民，历时50余年。大槐树下先后移民18次，遍布京、冀、鲁、皖、苏、鄂、秦、陇等18个省区市，500多个县，成就了洪洞"天下故乡、华人老家"的美誉。洪洞大槐树，被世人当作"家"，称作"祖"，看作"根"，是海内外数以亿计的大槐树后裔寻根祭祖的圣地，是中国根祖文化的符号。洪洞县"大槐树祭祖习俗"已成为海内外颇具影响力的重要民俗活动，2008年被列入第二批国家级非物质文化遗产名录。

二 洪洞方言

（一）概述

洪洞方言属于中原官话汾河片，内部又可分为四个小片：分别为洪洞河东片，以城关大槐树镇方言为代表；洪洞河西片，以白石村方言为代表；赵城河东片，以赵城镇方言为代表；赵城河西片，以堤村方言为代表。本书所记录的是赵城镇侯村方言，属于赵城河东片，若无特殊说明，本书所指洪洞方言均为赵城河东片侯村方言。

0-1◆大槐树寻根祭祖园

（二）声韵调

1.声母（共25个，包括零声母。例字右下角"1"表示白读，"2"表示文读）

p 八补拜病₂　　pʰ 派片爬病₁　　　m 马麦门明　　　f 飞₂风副蜂　　　v 雾味晚袜

t 多东毒₂鸡₁　　tʰ 讨天毒₁轻₁　　　n 拿奶脑南　　　　　　　　　　　　l 路老连亮

ts 资罩坐₂纸　　tsʰ 刺柴₂坐₁茶　　　　　　　　　　s 丝事柴₁山

tʂ 柱₂主张装　　tʂʰ 柱₁床₂城₂船₂　　　　　　　　　ʂ 双床₁城₁船₁　　ʐ 绕软热闻

tɕ 鸡₂酒军讲　　tɕʰ 奇全裙轻₂　　　ȵ 哑₁泥年额₁　　ɕ 飞₁谢孝₂响

k 歌高狗共　　　kʰ 开快宽炕　　　　ŋ 爱袄安额₂　　x 好灰孝₁活

ø 哑₂温王月

说明：

① [v] 是唇齿浊擦音，摩擦较重。

② [ȵ] 是舌面前浊鼻音，发音部位与 [tɕ、tɕʰ、ɕ] 相同，由于舌面特征明显，未与舌尖中浊鼻音 [n] 合并。

2. 韵母（共 34 个）

ɿ 师丝试瓷咨

ʅ 直尺世十日

ɚ 二儿而贰饵

	i 米戏急眉₁去₁	u 苦肚骨吹₁北₁	y 飞₁橘绿去₂围₁
a 爬茶沙塔车₁	ia 牙写₁虾哑掐	ua 瓜夸花刮瓦	ya 瘸撅
o 歌托汤₁张₁墨₂	io 娘₁学₁响₁药₁角		
ɤ 盒升₁各车₂壳		uɤ 坐床₁双₁郭或₂	
ɛ 白₁生₁虱墨₁摘	iɛ 写₂硬₁药₂街₂姐	uɛ 横₁国或₁	yɛ 星₁决缺月学₂
ai 败买开₂白₂街₁		uai 怪快坏帅外₂	
ei 开₁赔眉₂飞₂北₂		uei 对鬼吹₂外₁围₂	
ao 宝跑脑老抄	iao 吊条尿笑桥		
ou 豆走楼租路	iou 牛油酒修有		
ã 半南汤₂张₂乱₁	iã 盐年娘₂响₂讲	uã 乱₂短床₂双₂王	yã 全权选圆远
eŋ 深根升₂生₂横₂	ieŋ 金心饼星₂硬₂	ueŋ 寸滚春东轮₂	yeŋ 云熏穷用轮₁

说明：

① [a、ia、ua、ya] 中的 [a] 实际音值为 [ʌ]；[ai、uai] 中的 [a] 实际音值为 [ɐ]；[ao、iao] 中的 [a] 实际音值为 [ɑ]，统一记作 [ɑ]。

② [eŋ、ieŋ、ueŋ、yeŋ] 中的 [e] 实际音值为 [ə]。

3. 声调（共 4 个）

阴平	[21]	东该开天谷节哭塔六麦
阳平	[24]	门皮糖红冻怪寸急白盒
上声	[42]	懂古鬼九苦草买老五有
去声	[53]	动近痛卖路硬乱地饭树

（三）连续变调

1.非叠字、非轻声两字组连读变调，如表1。

表1 非叠字、非轻声两字组连读变调表

前字 ＼ 后字	阴平 21	阳平 24	上声 42	去声 53
阴平 21	21+21 烧香 割麦 24+21 木锨 脚蹬	21+24 接神 公牛	21+42 封口 月老	21+53 插艾 立柜 21+24 开市 交卷
阳平 24	24+21 炕桌 报丧 21+24 莲花 元宵	21+24 门神 笼盖 24+22 油茶 淘气 24+24 床头 银河	22+24 笤帚 十五 糜黍 24+42 拔草 瓷碗 22+42 寻死 跳马	21+53 过寿 卸孝 24+53 羊圈 菜地 21+24 白面 查问
上声 42	33+21 打针 宝塔 24+21 马灯 影壁 42+21 小葱 米猫	21+24 纸船 起灵	33+42 剪纸 小碗 33+24 筒瓦 洗脸	42+53 管事 擀面 33+53 手背 舀饭
去声 53	21+21 下方 上车 24+21 拌汤 弹弓	53+24 种菜 透明 21+24 上坟 下棋	21+42 下雨 谢土	21+53 下蛋 就是 21+24 画像 自动 53+53 谢孝 大道

说明：

① "阳平＋阳平"第二类变调[24+22]中，部分词后字22听感上略升。

② "阳平＋阳平"，"牛郎"一词，在"牛郎织布"和"天上牛郎配织女"中由[24+24]变调为[21+24]，其余处不变调。

2.非叠字、轻声两字组连读变调，如表2。

表 2 非叠字、轻声两字组连读变调表

前字＼后字	阴平 21	阳平 24	上声 42	去声 53
阴平 21	21+0 中级 生铁 44+0 激烈 钥匙 24+0 烙铁 腊八	21+0 清明 风匣 44+0 发条 阔气 24+0 立炉 角犁	21+0 厅里 村子 44+0 木耳 笔者 24+0 刷子 灯盏	21+0 绿豆 公道 44+0 嘱咐 木匠 24+0 焖饭 立柱
阳平 24	22+0 蘑菇 厨刀 53+0 供桌 扇车 44+0 快乐 政策	22+0 羊毛 前年 53+0 壮实 布条 44+0 试验 胜利 庆祝 符合	22+0 凉水 油饼 44+0 屁眼 运板 53+0 盖子 筷子 24+0 帽子	22+0 前后 形式 44+0 正式 对岸
上声 42	33+0 眼窝 牡丹 24+0 纸塔 水平	33+0 暖壶 韭菜 24+0 马勺 粉条 42+0 擀槌	33+0 耳朵 剪子 42+0 老虎 小米 24+0 杵子 砍刀	33+0 买卖 手艺 42+0 水地 姊妹
去声 53	53+0 背心 教室 44+0 路灯 顺风	44+0 后年 大戏 24+0 大梁 寿桃	44+0 豆腐 柱子 24+0 豆子	44+0 地动 道路 24+0 旱地

3. 叠字两字组连读变调, 后字读轻声, 记为 [0], 如表 3。

表 3 叠字两字组连读变调表

前字 ╲ 后字	阴平 21	阳平 24	上声 42	去声 53
阴平 21	21+0 蛛蛛 爸爸 44+0 伯伯	——	——	——
阳平 24	——	22+0 馍馍 娃娃 21+24 娃娃 娘娘 44+0 颤颤	——	——
上声 42	——	——	33+0 嫂嫂	——
去声 53	——	——	——	44+0 舅舅 弟弟 谢谢

说明:"娃娃、娘娘"有两种变调方式 [22+0] [21+24], 变读规律暂不明确。

（四）儿化、小称音变规律

1. 儿化音变规律

当前字为阴平、去声时，儿化后只是前字增加卷舌动作，声调不发生变化；当前字为阳平和上声时，前字除增加卷舌动作外，部分词声调也发生变化，如表4。

表4 儿化音变规律表

单字调	儿化调	举例
21	21	丝儿 猪儿
24	24	梨儿 桃儿
	53	盖儿 扣儿
42	33	枣儿 井儿
53	53	字儿 案儿 面儿

2. 儿化韵形式，如表5。

表5 儿化表

儿化韵母	本韵母	举例
ɿər	ɿ	丝儿 字儿
ʅər	ʅ	侄儿 一世儿
iər	i	梨儿 鸡儿
ur	u	猪儿 兔儿
yər	y	鱼儿 女儿
ɐr	ɑ	把儿
	ɑi	盖儿 布袋儿
	ã	案儿 印章儿

iɐr	iɑ	虾儿 斜斜儿
	iã	面儿 天天儿
uɐr	uɑ	花儿 丝瓜儿
	uɑi	猪血块儿
	uã	环儿 木桩儿
yɐr	yɑ	瘸瘸儿
	yã	院儿 猪圈儿
or	o	末儿 木儿
ior	io	角儿
ɤr	ɤ	地方儿 炒勺儿
uɤr	uɤ	窝儿 水果儿
ɛr	ɛ	杏儿 筛儿
iɛr	iɛ	叶儿 名儿
uɛr	uɛ	一横儿
yɛr	yɛ	月儿
ər	ei	味儿
uər	uei	多会儿 裤腿儿
ɑor	ɑo	道儿 桃儿 枣儿
iɑor	iɑo	鸟儿 条条儿
our	ou	猴儿 水沟儿
iour	iou	皮球儿
ə̃r	eŋ	这阵儿 坟儿
iə̃r	ieŋ	毛巾儿 背心儿
uə̃r	ueŋ	轮儿 冰棍儿
yə̃r	yeŋ	裙儿 小熊儿

3. 部分两字组重叠式表小称，后字读轻声，记为 [0]。如：娃娃 [ua²²ua⁰]。

（五）其他主要音变规律

1.以下情况一律读轻声，记为 [0]：

    ①后缀"头、个"等，如："前头、后头、夜个、后个"等；

    ②句末语气词"啦、吧、啊"等；

    ③动态助词"着、的、了"等；

    ④结构助词"的、地、得"等。

2.个别亲属称谓词变读为 [21]，如："爸"。

三　凡例

（一）记音依据

赵城镇侯村位于洪洞县东北部，距离县政府所在地大槐树镇约 20 公里，距离赵城镇约 2 公里。本书方言记音以洪洞县赵城镇侯村老年人的方言为准。

主要发音人为高光亮先生，1956 年 6 月出生于洪洞县赵城镇侯村，世居侯村务农，从未长期离开。

（二）图片来源

本图典共收民俗词语 544 条，图 562 幅。

这些图片的拍摄范围为洪洞县境内，以赵城镇侯村为主，图片全部为实景拍摄，拍摄时间主要集中于 2018—2019 年间。

图片拍摄者主要为作者本人，个别图片由他人提供，已注明拍摄者姓名，例如"8-24 ◆ 大槐树府前街（杨军军摄）"。

（三）内容分类

本书所收洪洞方言文化条目按内容分为 9 大类 32 小类：

（1）房屋建筑：住宅、其他建筑

（2）日常用具：炊具、卧具、桌椅板凳、其他用具

（3）服饰：衣裤、鞋帽、首饰等

（4）饮食：主食、副食、菜肴

（5）农工百艺：农事、农具、手工艺、商业

（6）日常活动：起居、娱乐、信奉

（7）婚育丧葬：婚事、生育、丧葬

（8）节日：春节、元宵节、清明节、端午节、其他节日

（9）说唱表演：口彩禁忌、俗语谚语、歌谣、曲艺、故事

（四）体例

（1）每个大类开头，先用一段文字对本类方言文化现象做一个概括性的介绍。

（2）除"说唱表演"外，每个条目均包括图片、方言词条、解释性文案三部分。"说唱表演"不收图片，体例上也与其他部分有所不同，具体情况参看"玖 说唱表演"。

（3）各图单独、连续编号，例如"1-25"，短横前面的数字表示大类，短横后面的数字是该大类内部图片的顺序号。图号后面注拍摄地点。图号和地名之间用"◆"隔开，例如"2-1 ◆ 侯村"。如拍摄地点为镇上，一般后加街道名，如"7-48 ◆ 赵城北街""8-22 ◆ 大槐树虹通大道"等。

（4）文案中出现的方言词用引号标出，同一节里首次出现时注国际音标，对方言词的注释用小字随文夹注；同一节里除首次出现外，其他场合只加引号，不再注音释义。为便于阅读，一些跟普通话相同或相近的方言词，在同一节里除首次出现外，不再加引号。

（5）同音字在字的右上角加等号"="表示，例如："骨＂蓝＂"[ku²¹lɑ̃²⁴]环形面制品。无同音字可写的音节用方框"□"表示，例如："□拉＂子"[tʂʰuɑ²¹lɑ²¹tsʅ⁰]排水设备。

（6）方言词记实际读音，如有变调、儿化音变等现象，一律按连读音记，轻声调值一律标作"0"，例如："杵子"[tʂʰu²⁴tsʅ⁰]（"杵"单字音[tʂʰu⁴²]）。

洪洞位于黄土高原，窑洞是当地最主要的建筑形式，窑洞有砖建窑洞和土窑洞之分，每户一般有三孔窑洞，中间的一孔用于接待客人，两侧的两孔用于居住或储存粮食；中间的一孔有门，供人进出，两侧的窑洞建有窗户。过去的土窑洞大多依山而建，冬暖夏凉，深受当地人喜爱。富户盖有楼房，分上下两层，下层的外形、内部结构与窑洞基本相同，多用于居住，上层的房间主要用于供奉牌位、神位等。楼房外侧的屋脊、屋檐、"挑檐儿"[tʰiɑo²⁴iɐr⁴²]等处有精致的砖雕或木雕，极具审美价值。楼房坐北朝南，有的在东、西、南三面还建有房子，形成四合院，四合院中，北房最高，长者或主人居住。其格局及居住方式体现着中国传统家庭多子多福的观念及森严的尊卑等级意识。

　　随着时代的发展、城镇化的不断推进，当地的建筑也悄然发生着变化，砖混结构的平房、框架结构的自建新式楼房及现代化楼房等建筑形式取代了传统的窑洞、老式楼房、四合院，这些建筑更多地使用水泥、钢筋等新型材料，坚固、美观的同时也极大地方便了人们的生活。随着建筑形式的变化，传统的建筑材料、建筑工具、民俗活动也随之消失。如：大梁是搭在前墙和后墙立柱上的粗圆木，架构大梁的活动叫"上梁"[so²¹lio²⁴]，是房屋建造中最关键的步骤之一，也意味着房屋即将建成。因此，洪洞人视上梁活动为隆重的仪式，上梁时必挑选良辰吉日、燃放鞭炮、供奉神灵。然而，随着水泥"现浇屋顶"的出现，这一流传几千年的建筑活动业已消失。

窑 [iɑo²⁴]

窑洞通常坐北朝南，多依山体挖洞而成或由"胡墼"[xu²²tʰi⁰]黄土、有黏性的红土、水、麦秸按一定比例混合搅拌，脱模后晾干而成的块状建筑材料、砖垒成。窑顶多呈弧形。每户一般有三孔"窑"，正中间有门的一孔用于接待客人，两侧的两孔有窗无门，一侧内设土炕，用于居住，一侧不设土炕，多用于储存粮食。

楼房 [lou²¹fã²⁴]

楼房坐北朝南,砖木结构,分上下两层,下层较高,上层相对较低,可内外设楼梯。下层外形、内部结构、功能与窑洞基本相同,上层的房间多用于供奉牌位、神位等。这种楼房多见于旧时有功名或富有人家。由于建筑材料的局限性,现在这种老式楼房多数已坍塌,保存完好的极少。

1-1◆侯村

房子 [fɤ²²tsʅ⁰]

平房。通常由砖、水泥等砌成,单层。坐北朝南的叫"正房"[tʂəŋ⁵³fɤ⁰],有两到三个大房间,每个大房间又可分成两到四个小房间,用作客厅、卧室,卧室内设床。"正房"东西两侧可盖较低的房子作厨房或堆放杂物,位于"正房"东侧的叫"东房"[tuəŋ²¹fɤ⁰],位于西侧的叫"西房"[ɕi²¹fɤ⁰]。

1-3◆曹家沟

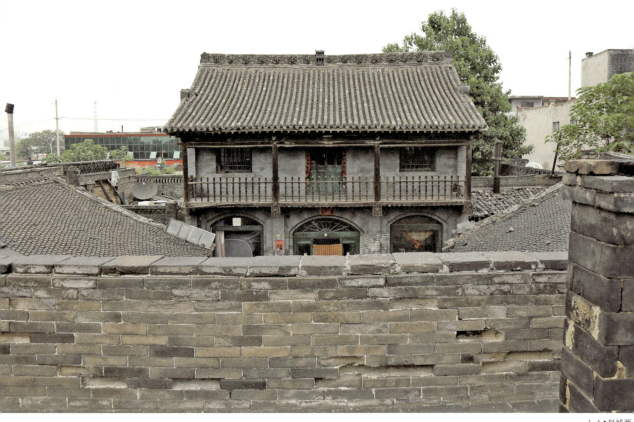

四方头院子 [sŋ⁴⁴fɤ⁰tʰou⁰yã²⁴tsŋ⁰]

旧式四合院。主要为砖木结构。坐北朝南的叫正房，东西南房统称偏房。正房为二层，外形、内部结构、功能与"楼房"基本相同，厅门处有台阶，长者或主人居住；偏房为单层，比正房低，一门两窗，门口无台阶，晚辈或佣人居住。坐南朝北的房子叫南房，南房右侧通常设有大门。在旧时，只有大户人家才能建得起四合院。现在，保存比较完好的四合院已极少见。

立炉 [li²⁴lou⁰]

设立在房屋外部的简易厨房。当地人称灶台为"炉子" [lou²²tsŋ⁰]（见图 2-1），"安放、设置、安置、站立"义为"立" [li²¹]，旧式厨房简陋，炉子是厨房中最重要的陈设，因此，当地人将设置灶台的地方称作"立炉"。

厅里 [tʰiɛ²¹li⁰]

窑洞、"楼房"下层、四合院正房下层中间的房间。主要用于招待客人。厅内墙上有装饰，靠后墙处摆放一张"条几儿"[tʰiɑo²²tɕiər²¹]传统木制家具（见图2-43），"条几儿"前再放置一张方形木桌，木桌两边摆放椅子，供主人及访客就座。冬天时，可在木桌前放火盆，便于取暖。

舍脊 [ʂa²⁴tɕi⁰]

屋脊。建筑材料为砖或瓦，屋脊处通常都有砖雕，主要题材为花鸟。屋脊东西两端多加以装饰，装饰物为用"琉璃瓦"[liou²²li⁰ua⁴²]以琉璃为材料烧制成的瓦或"砖瓦"[tʂua²¹ua⁴²]以黏土为材料烧制成的瓦制成的龙头，有的屋脊中间还有方形装饰物，叫作"楼楼"[lou²²lou⁰]。

洪洞

壹·房屋建筑

两面坡 $[lia^{33}mi\tilde{a}^0p^ho^{21}]$

人字形屋顶。最高处拱起，逐渐向两边倾斜。向南倾斜的坡长，向北倾斜的坡较短，通常正房屋顶为"两面坡"。

中国语言文化典藏

1-10◆侯村

圆顶儿 [yã²²tiə̃r⁴²]

拱形屋顶。窑洞多为圆顶，旋制而成，空隙处塞木楔加固。圆顶比平顶更加坚固，不易坍塌。

1-9◆赵城西街

一面坡 [i²¹miã²⁴pʰo²¹]

只向一面倾斜的屋顶。通常偏房屋顶多为"一面坡"，坡面向院内倾斜，便于排水。

1-8◆赵城西街

平顶儿 [pʰieŋ²²tiɚr⁴²]

新式房屋屋顶多为平顶，主要用砖、水泥、钢筋、混凝土等建筑材料建成。

1-12◆侯村

半＝瓦 [pã²⁴uɑ⁴²]

"半＝瓦"一般由黏土烧制而成，弧形，放置时两弧端朝上。通常为灰色。可分为带滴水的瓦（图中下部的瓦）和不带滴水的瓦（图中上部的瓦）。滴水上刻有寓意吉祥的图案或花纹，为美观带滴水的瓦通常并排铺在房檐处。

筒瓦 [tʰuɛŋ³³ua²⁴]

　　半圆筒形的瓦。由黏土烧制而成，两弧端朝下放置。通常为灰色。可分为带"猫头"[mao²²tʰou⁰]一端增加呈圆形的物件，与瓦连成一体的瓦和不带"猫头"的瓦。"猫头"处多雕刻有狮子、老虎面部，带"猫头"的瓦通常铺在房檐处，扣在并排的两片带滴水的瓦处，可防止雨雪等渗入。

1-13◆侯村

脊瓦 [tɕi²¹uɑ⁰]

　　铺在屋脊处的瓦。由黏土烧制而成，两弧端朝下放置。

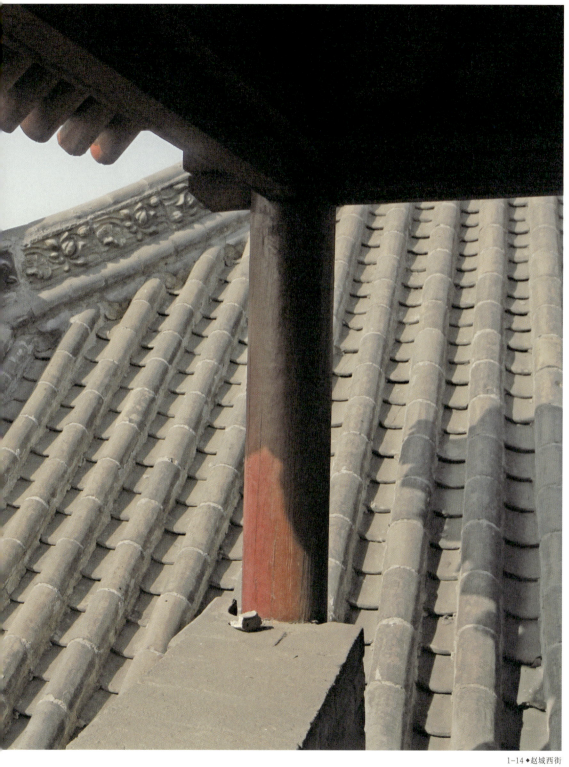

土墙儿 [tʰu²⁴tɕʰior⁰]

用土坯垒制的墙。两端厚，中间较薄。因土墙容易坍塌，为了坚固防水，有的土墙墙体底部用砖砌成。

砖墙儿 [tʂuã²¹tɕʰior⁰]

用砖垒制的或在土墙外包一层砖垒成的院墙。

1-17◆马牧

挑檐儿 [tʰiɑo²⁴iɐr⁴²]

位于楼房第一层房顶处突出外墙的部分。方便排水，也可起到保护外墙的作用。旧时用砖、木头制成，为了美观，可在"挑檐儿"外侧雕刻图案。现在多用钢筋、混凝土做成。平房屋顶突出外墙的部分叫"窗栏" [tʂʰuɑ̃²¹lɑ̃⁰]。

折檐儿 [tʂɤ²⁴iɐr²²]

大门或正房房门两侧上方接近房檐处凸出来的部分。大多刻有精美的花纹。

1-18◆侯村

大梁 [tɑ²⁴liã⁰]

搭在前墙和后墙立柱上的粗圆木。最下层的是大梁，大梁上面的是"二梁" [ər²⁴liã⁰]。

檩儿 [liə̃r⁴²]

屋顶或山墙中起支承"椽儿" [tʂʰuɐr²⁴]（见图 1-21）等东西方向的建筑构件。与梁呈垂直方向。

椽儿 [tʂʰuɐr²⁴]

　　装于屋顶、以支撑屋顶材料的圆木。长度依据房屋进深而定,放置时与"檩儿"(见图1-20)垂直。

道门 [tʰɑo²⁴meŋ⁰]

　　又叫"堂门"[tʰã²²meŋ⁰],临街的门。通常由木制的门框、门楣、门枕、门槛和两扇门板构成,门板后有门闩,大门口有台阶。"道门"是整个院落的门面,因此,当地人十分重视,有的还在大门各部位饰以砖雕、木雕,显示其经济实力。

洪洞 壹·房屋建筑

二门儿 [ər²⁴mə̃r⁰]

进入"道门"（见图 1-22）内，左右两侧设置的院门。二门儿比"道门"小，其构造、功能与"道门"相同。

门楼儿 [meŋ²⁴lour²²]

设置在"道门"（见图 1-22）上方的建筑。类似一个小房子，砖砌而成，外墙面上可雕刻花鸟鱼虫或吉祥字眼等。旧时只有有权势的人家才有。由于"门楼儿"所处位置较高，可随时观察院外的情况，因此又可作为岗亭，增加保家护院的功能。

门墩儿 [meŋ²²tuə̃r⁰]

位于门槛两侧，固定门板转轴的构件。通常为圆形或方形，表面光滑，又可当坐具。石质的叫"石门墩儿"[ʂɿ²²meŋ²²tuə̃r⁰]，木质的叫"木门墩儿"[mu²¹meŋ²²tuə̃r⁰]。旧时只有有功名的人家才能设置。

天窗儿 [tʰiã²¹tʂʰuɣr⁰]

大窗户上部的小窗户。用于采光，一般不打开。

门限子 [meŋ²²xã⁴⁴tsɿ⁰]

门槛，门框下部挨着地面的横木或长石。院门的门槛比房门的高些。旧时房门处多设有门槛，现代很少。

窗子 [tʂʰuɣ²¹tsɿ⁰]

窗户。传统民居的窗户多为木质，分上中下三层，中下层一般做格子状，上层形状随建筑风格各异。中层可从室内打开，便于通风透气，夏季还可钉纱窗，防止蚊虫进入室内。上下层一般固定严实，用于采光。近年来，木质窗户已很少见，取而代之的是铝合金玻璃推拉式窗户。

门闩子 [meŋ²²ʂuã²¹tsʅ⁰]

门闩。两根中间有孔的长方体木棍分别竖着钉在大门内侧门板上，另有木棍横插在两孔内，使门推不开。

院子 [yã²⁴tsʅ⁰]

房前用墙或栅栏围起来的空地。大小无定制，通常用砖在房门通向大门处铺约1米宽的路，有的则全院铺满砖或用水泥抹平，防止雨雪天气走路打滑或弄脏鞋袜，也可在院中央留一块空地种植花草树木、蔬菜等。

照壁 [tʂao⁵³pei⁰]

　　位于大门外、起遮蔽作用的建筑物。大小视门而定，多由砖砌而成，由座、身、顶三部分构成，墙身处有砖雕。院门前宽敞或无其他建筑时，"照壁"为独立的一面墙，若院门前较窄时，照壁则紧贴前排房子后墙，像挂在墙上一样，也叫"挂壁" [kua²⁴pei⁰]。

1-32◆大槐树古槐路

影壁 [ieŋ²⁴pei²¹]

位于大门内、起遮蔽作用的建筑物。由于设置时受限较少，所以"影壁"比"照壁"更常见。

1-31◆马牧

1-33◆大槐树古槐路

栅栏子墙儿 [tsa⁴⁴la²²tsʅ⁰tɕʰior²⁴]

篱笆。用木棍儿、荆条、竹片等围成的简易墙。

泰山石敢当 [tʰai²¹sã²¹ʂʅ²⁴kã⁴²tã⁰]

当地人在建造房屋时，会在临街的墙体内嵌入刻有"泰山石敢当"的石碑，用来驱邪、保佑平安，"泰山石敢当"也写作"太山石敢当"。

曲=儿 [tɕʰyər⁴²]

又叫"巷儿" [xor⁵³]，胡同。指较窄的街道或房子之间的通道，供人车行走。

烟突 [iã²¹tʰou⁰]

建在房顶上，排出烟气等的通道。暗藏于墙内的部分叫烟筒。

拴马栓 [ʂuã²¹mɑ²⁴ʂuã²¹]

固定在墙上用来拴牛马等牲畜的铁质用具。图中圆孔处应穿有一个铁质圆环，用来系拴着牲畜的绳子，但年代久远，铁环已丢失。

鼓儿石 [kur³³ʂɿ⁰]

建房时用来起支撑作用的鼓形石头。

上马石 [ʂɑ̃⁵³mɑ⁴²ʂɻ²⁴]

设置在院门外边的两块方形石头。一块是供人出行时踩着跨上马背的，另一块是供人归来时下马用的。旧时只有有功名的人家才能设置。

村子 [tsʰuеŋ²¹tsɻ⁰]

村庄。起初由同一个家族的人聚居而成，一个村子通常有一个占据多数的姓氏，如赵城镇侯村姓申的村民居多。

洪洞　壹·房屋建筑

1-42 ◆赵城西

茅子 [mɑo²²tsʅ⁰]

　　厕所。可分为"猪圈儿式茅子" [tʂu²¹tɕʰyɐr²¹ʂʅ⁵³mɑo²²tsʅ⁰] 和"房屋式茅子" [fɑ̃²²u²¹ʂʅ⁵³mɑo²²tsʅ⁰] 两种。"猪圈儿式茅子"指的是在地上挖大坑，坑内置"茅瓮儿" [mɑo²²uɑ̃r⁰] 大缸作为茅坑，瓮口搭两块分开的木板，称为"茅板子" [mɑo²²pɑ̃³³tsʅ⁰]，供人蹲立，"猪圈儿式茅子"为露天厕所。在"猪圈儿式茅子"四周圈起围墙、搭起简易的顶子，即"房屋式茅子"。

鸡窝儿 [ti²¹uɣr²¹]

　　鸡窝。用铁丝编成空隙较大的笼子，笼子大小根据饲养数量而定，将笼子架在垒起的砖头上，便于排出粪便。

1-44 ◆耿峪

羊圈儿 [io²⁴tɕʰyeɾ⁵³]

　　羊圈。通常建在院子里，用木棍、木桩围成栅栏，内置食盆；当饲养数量较多时，一般不搭设栅栏，只在院内放置食盆，羊群可随意走动。

井儿 [tɕieɾ³³]

　　井。选择有水的地方，人工挖成深洞，洞壁、洞口多砌上砖石形成井身与井口，井口处安装辘轳，辘轳上缠有绳子，绳子下方吊水桶，手摇辘轳的把手，将桶放入井中汲水。

1-45 ◆大槐树古槐路

47

1-46 ◆大槐树古槐路

井儿亭子 [tɕier³³tʰieŋ²²tsʅ⁰]

井上面盖着的亭子。三面墙环绕，无门，亭子中心为井眼。

凉亭子 [liã²⁴tʰieŋ²²tsʅ⁰]

供人们歇息纳凉的建筑。顶子用瓦砌成，一般为四角、六角或八角，柱子与顶角数量一致，柱子之间搭有木板，可供人坐卧，亭子中间还可放石桌、石凳。

1-47 ◆赵城西街

中国语言文化典藏

石牌楼儿 [ʂ̩²⁴pʰai²²lour²⁴]

也叫"牌坊"[pʰai²²faº]，是为表彰功勋、科第、德政以及忠孝节义所立的建筑物。洪洞县境内现存多座牌坊，但大多数已残缺或损坏。图中牌坊位于洪洞县赵城镇北街，保存相对完好，据考证，这座牌坊建于明末，是赵城人士李国嘉后人为报皇恩、表忠心而筹集巨资建造的忠义牌坊，距今已有380多年的历史。牌坊高约十米，宽约八米，通体由青石筑成，开卯插榫，犬牙交错，形成了四柱三檐式。基座用四根石柱支起，形成中间大、两边小的三个门，四根石柱前后共安放着八个石狮子。牌坊中部，镶嵌有一方巨大的整块"镜面石"[tɕiɛ²²miã°ʂ̩²⁴]光滑的石头，边侧各有两层小巧玲珑的对称亭阁，亭阁顶部与最上层的楼顶均为飞檐斗拱式。镜面石上曾刻有精美绝伦的群臣朝贺图及"龙章世显"四个大字。遗憾的是，这些极具观赏、研究价值的雕刻已消失。

1-48 ◆赵城北街

1-49◆侯村

□拉＝子 [tʂʰuɑ²¹lɑ²¹tsɿ⁰]

在窑洞房檐下方设置的排水设备。多由砖砌而成，呈倒三角形状，从房檐处流下来的雨水等可顺着带滴水的"半＝瓦"流向地面。"□" [tʂʰuɑ²¹] 表流水声。

分水亭 [feŋ²¹ʂuei⁴²tʰieŋ²⁴]

旧时为解决洪洞、赵城两县用水纷争而设立。洪洞、赵城曾为两个县，赵城位于霍山山脚下，此处有霍泉。霍泉泉水虽发源于赵城，但要流经洪洞才又绕回赵城，洪、赵两县因争夺霍泉水源的用水权屡起纷争，甚至到了不惜械斗、不相婚嫁的地步，为了有效解决这一问题，清朝时期，由平阳知县主持，用"油锅捞钱"的方法将霍泉水源的用水权"三七"分开，洪洞三分，赵城七分，并建立"分水亭"，亭下由十一根铁柱将泉水分为十股，堤前建有人字堰，三股泉水流入洪洞，七股泉水流入赵城。1954年两县合并后，政府对霍泉水源统一调配，但分水亭保留至今。

1-50 ◆大槐树古槐南路

1-51 ◆广胜寺

苏三监狱 [sou²¹sã²¹tɕiã²¹y²¹]

　　明代监狱，因名妓苏三蒙冤落难囚禁于此，再加之后世戏剧《玉堂春》的流传而闻名遐迩。"苏三监狱"始建于明洪武二年（1369年），距今已有600余年的历史，是中国现存的唯一一座明代形制的监狱，也是现存最早的监狱。

　　日常用具包括炊具、卧具、桌椅板凳及其他用具，是人们日常生活的重要组成部分。现存的老式日常用具多保留在农村。

　　炊具、卧具极具地方特色。由于当地主要粮食作物为小麦，故大多数炊具与面食有关，如："案儿"[ŋer⁵³]、"擀槌儿"[kã⁴²tʂʰuər⁰]、"和面盔子"[xuɤ²²miã⁰kʰuei²¹tsʅ⁰]、蒸制炊具"箅子"[pi⁵³tsʅ⁰]、煮制炊具笊篱、煎制炊具"鏊"[ŋɑo⁴²]等。当地盛产棉花，人们将棉花合成棉线，再用老式织布机织成一种粗布——"木棉"[mu²⁴n̠iã⁰]，这种粗布线粗、纹深，用它做成粗布床单、粗布枕头、粗布靠枕等，深受人们喜爱。

中国语言文化典藏

桌椅板凳根据主要用途决定其实用性或美观性。日常使用的追求实用性，如"茶几儿"[tsʰɑ²²tɕiər²¹]、"方床儿"[fɑ̃²¹ʂuɤr²⁴]等简洁大方，基本没有装饰，而用于陈设的"条几儿"[tʰiɑo²²tɕiər²¹]、"椅杌子"[ni²⁴uəŋ⁵³tʂɿ⁰]则做工精美，多处雕刻有花纹，讲究美观性。

这些日常用具体现着洪洞人民的智慧及勤俭持家的传统美德。炉子与炕相连，保暖的同时又节约了资源；用麦秸编成"篦"[tʰiɑ̃⁵³]、用脱粒后的高粱穗做成"刷子"[ʂuɑ²⁴tʂɿ⁰]、用玉米皮编制成"墩墩儿"[tuəŋ²¹tuɤr⁰]，变废为宝，丰富日常用具的同时又提高了资源的利用率；种植"扫帚苗儿"[sɑo³³tʂu⁰miɑor²⁴]，加工成"绵扫帚"[miɑ̃²²sɑo³³tʂu⁰]，除了自家使用，还可售卖，贴补家用。

2-1 ◆侯

炉子 [lou²²tsʐ⁰]

灶。旧时用于窑洞内做饭、烧水、取暖等。由砖垒成，炉面处有一至两个灶口，放置炊具。炉子下方留有小口，用于掏取燃烧残渣。炉子一般建在炕前，内有通道与炕相连，可使炕上暖和。炉子的烟囱经过墙面直通房顶，暗藏在墙内的叫烟筒，超出房顶的部分叫"烟突"[iɑ̃²¹tʰou⁰]（见图1-37）。

2-2 ◆侯村

炉圈子 [lou²²tɕʰyɑ̃²¹tsʐ⁰]

生铁浇铸成的铁炉或火炉部件。形状类似于乒乓球拍，固定在炉口处，用来支撑炊具。如果炊具比炉圈小，就需要在"炉圈子"上放置与锅大小相匹配的"火圈子"[xuɤ⁴²tɕʰyɑ̃²¹tsʐ⁰]。"火圈子"是由生铁铸成的环状物，有提手。图2-2中上方的是"炉圈子"，下方的是"火圈子"。

2-3 ◆侯村

2-4 ◆侯村

火掩子 [xuɤ²⁴iɑ̃⁴²tsɿ⁰]

由生铁浇铸而成,圆形的一侧留有缺口,另一侧有提手。当炉子使用完毕后,将"火掩子"放置在"炉圈子"(见图2-2)处,防止烟排放到室内或火花溅出,还可从缺口的地方观察炉膛内的燃烧情况,以便及时添加燃料。

火掩儿 [xuɤ²⁴ier⁴²]

由生铁浇铸而成的铁炉或火炉部件,长方形,一侧有弧度,上有提手。"火掩儿"放置在"炉圈子"类似球拍手柄的位置处。做饭的时候,打开"火掩儿"可添加柴火或观察炉内的燃烧情况,不需要时放置"火掩儿"防止烟排放到室内或火花溅出。

小锹儿 [ɕiɑo²⁴tɕʰier²¹]

小型铁锹。手柄有铁制和木制两种,专门用于往火炉中添加燃料或掏取燃烧残渣等。

夹子 [tiɑ²⁴tsɿ⁰]

也叫"火剪儿"[xuɤ³³tɕier⁰]。两根一端有小孔的铁棍,用细铁链将其连在一起,形状像两根相连的筷子,用来夹取炉中火种或燃烧残渣。

2-5 ◆侯村

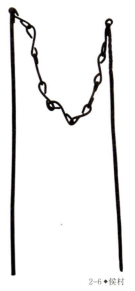

2-6 ◆侯村

洪洞

贰·日常用具

2-7 ◆侯村

火杵 [xuɤ⁴²tʂʰu⁰]

铁制捅火的工具。以拐弯处为界，可分为手柄部分和捅火部分，手柄部分较短、较圆，捅火部分较长、扁细。

2-8 ◆侯村

风匣 [feŋ²¹xɑ⁰]

长方体木制鼓风用具。内部安装纱板，有的在纱板外绑上鸡毛。前部侧面延伸出木拉手，通过人工拉动拉手产生风力，加快燃烧速度。

圈 [tɕʰyã²¹]

在蒸制大量的馒头、黄米等时使用，由生铁围铸成圆柱形状，内侧有三个呈三角状突出的部分，用来支撑"箅子"（见图2-11），一般配"笼盖"（见图2-12）使用。

箅子 [pi⁵³tsʅ⁰]

传统的箅子多由生铁铸成，上有网眼，用以蒸制食物或将食物放在上面加热。

2-10 ◆侯村

2-11 ◆侯村

2-9 ◆侯村

锅 [kuɤ²¹]

可分为"大锅" [tʰo²⁴kuɤ²¹] 和"小锅儿" [ɕiao³³kuɤr⁰]。"大锅"用来蒸馒头、红薯等主食，两边有耳，锅上配有"笼盖" [leŋ²²kai²⁴]，锅沿处放置箅子，箅子上放需蒸制的食物。"小锅儿"用来炒菜，两边有耳，锅上配有"锅拍" [kuɤ²¹pʰɛ⁰]。

笼盖 [leŋ²¹kai²⁴]

盖在"圈"或"大锅"上的圆柱形锅盖，由生铁浇铸而成，两侧有提手。

鏊 [ŋao⁴²]

鏊子。圆形平底，多为铁质，两边有提手，无盖，主要用来烙饼。

2-12 ◆侯村

2-13 ◆侯村

锅拍 [kuɤ²¹pʰɛ²¹]

　　锅盖。旧时木质的较多，现在多由铝质、铁质的替代。

2-14◆侯村

2-16◆侯村

马勺 [mɑ²⁴ʂɤ⁰]

　　铜或铁制水瓢。呈半球形，有弯形把手，把手可挂在水瓮沿上。现多使用塑料水瓢。

2-17◆侯村

笊篱 [tsɑo⁵³liɛ⁰]

　　用铜、铁打制或柳条编制而成，杆上有环，可挂在墙上，杆下边连接着一个带孔的碗形网状圆盘，用来沥干水分等。

桶 [tʰuəŋ⁴²]

　　挑水或盛水用具。圆筒形，有提手，无盖。旧式桶由木板箍成，新式桶多用白铁皮制成。

2-15◆曹家沟

2-19◆侯村

刷子 [ʂua²⁴tsʅ⁰]

由脱粒后的高粱长穗绑制而成，专门用于刷洗锅碗。

2-18◆侯村

丝瓜瓤儿 [sʅ²¹kua²¹ʐor²²]

长老的丝瓜富含网状纤维，将其晒干后去皮、去籽，可用于清洗炊具等。

交窝儿 [tɕiao²¹uɤr⁰]

铁质、木质或石质的研磨捣杵用具。肚子大，口小，可以用来捣杵辣椒、芝麻、花椒等。

交槌儿 [tɕiao²¹tʂʰuər⁰]

铁质、木质或石质的圆柱体，前端呈半球体状。与"交窝儿"（见图2-20）搭配使用。

2-21◆侯村

2-20◆侯村

2-22 ◆侯村

2-23 ◆侯村

粗碗 [tsʰou²¹uã⁰]

旧时瓷质碗的一种。未上釉或只在碗内侧上很少的釉。

瓷碗 [tsʰʅ²⁴uã⁴²]

瓷质碗。碗内外侧均上釉，釉色鲜亮。

碗圪板 [uã²⁴kɤ⁰pã⁰]

放置碗筷的简易柜子。一般分为三层，上中两层放碗筷或小型炊具，下层设有抽屉。

2-24 ◆侯村

2-25◆侯村

2-26◆侯村

死圪筒 [sʅ⁴²kɤ⁰tʰueŋ⁴²]

筷筒。旧时筷筒由瓷烧制，或由竹筒做成，筒下有底。

罗子 [luɤ²²tsʅ⁰]

罗面的工具。使细的粉状物漏下去，留下较粗的粉末或渣滓。"罗子"通常用竹片围成圆圈状，底部的网子用马尾交织编成，有粗孔、细孔之分。

擦子 [tsʰɑ²⁴tsʅ⁰]

木板中间部位留空，钉上带孔状或刀片状的铁皮。有大小两种，大的可用来擦面，小的可用来擦菜，可擦成片儿、丝儿等形状。

2-27◆侯村

案儿 [ŋer⁵³]

案板。用于揉面、擀面或切菜等。木质，有大小两种，大的主要用来揉面、擀面；小的主要用来切菜。

2-28◆侯村

2-29◆侯村

擀槌儿 [kã⁴²tʂʰuər⁰]

擀面杖。木质，呈圆柱体状，有长有短，主要用来擀面，擀饺子皮、包子皮等。

秸秸片儿 [tɕiã²¹tɕiã⁰pʰiɐr⁵³]

用高粱穗下部的细秆钉成的圆形盘子。纵横两层钉在一起，有大有小，专门用来放置包好的饺子或者未煮的面条等。"秸秸"指高粱秆上部掐掉高粱穗留下的部分。

2-30◆侯村

和面盔子 [xuɤ²²miã⁰kʰuei²¹tsʅ⁰]

瓷质和面盆。盆口比盆底稍大，旧时的"盔子"还可用作夜壶，叫"尿盔子" [ɳiɑo²⁴kʰuei²¹tsʅ⁰]。

2-31◆侯村

中国语言文化典藏

瓦罐儿 [ua²⁴kuɐr⁵³]

盛放米、豆子等杂粮的陶质用具。肚大口小。

2-32 ◆侯村

2-33 ◆侯村

油瓶子 [iou²²pʰieŋ²²tsʐ⁰]

专门盛放食用油的玻璃瓶。肚大颈细，因瓶子的最大容量为三斤，又叫"三斤油瓶子"[sã²¹tɕien²¹iou²²pʰieŋ²²tsʐ⁰]。这种瓶子见于20世纪五六十年代，正值我国计划经济时期，食用油属于集中分配物资，每人每月只能购买三两，当时售货员卖油时不用称，而是使用固定容量为三两的提儿，拿这种定量的油瓶购买，双方都不容易出错，这种容器是特殊年代的产物。

木匣儿 [mu²¹xɐr²⁴]

盛放粉状、面状粮食的用具。口大底小。旧时用"碾儿"用人力或畜力使谷物等去皮、破碎的工具（见图5-43）将麦子、谷物、玉米等碾成粉末，由于"碾儿"碾出的粉末较粗，所以还需要用细孔的"罗子"（见图2-26）再罗，使其更细腻。"木匣儿"内侧钉有两块带凹槽的小木条，在凹槽处搭两块长木板，"罗子"可在上面来回晃动。现在极少使用。图2-34中的"木匣儿"内侧钉着的一边木条已丢失。

2-34 ◆侯村

炕 [kʰo²⁴]

　　用土坯和砖垒砌而成，一般位于窗户处，由于北方冬季寒冷，通常会在炕旁砌起炉子，炉子与炕之间有通道，可使炕暖和。

2-36◆大槐树古槐路

簟 [tʰiɑ̃⁵³]

用芦苇篾、蒲草、高粱秆篾等编制而成。将"簟"铺在炕面上,可防止被褥潮湿。现已少见。

2-35◆侯村

枕头儿 [tʂen⁴²tʰour⁰]

枕头。用布做成扁筒状套子,再在套子中装荞麦皮、秕谷后扎口。

2-37◆侯村

2-38 ◆侯村

靠枕 [kʰɑo⁵³tʂeŋ⁰]

　　坐着或躺着时倚靠在腰后的类似枕头的垫子。用布缝制而成，内装荞麦皮、秕谷、布条等。

小柜儿 [ɕiɑo⁴²tɕʰyər⁵³]

　　木制长方体柜子。一般放在炕上，柜面两侧及后侧有围挡，柜内可放被褥、衣服、包袱等。

2-40 ◆侯村

椿⁼墩⁼[tʂʰueŋ²¹tueŋ⁰]

传统木制柜子，四条腿，木板下面装有箱体，可盛放东西。一般放置在卧室里，可睡可坐。

2-41◆大槐树古榭

炕桌儿 [kʰo²⁴tʂuɤr²¹]

放置在炕上的四脚小桌。桌面两端翘起，下设有抽屉，炕桌主要用来喝茶、吃饭。现已少见。

桌子 [tʂuɤ²¹tsɿ⁰]

样式与"炕桌儿"（见图2-41）基本相同，但体积比"炕桌儿"大，桌面为平面。桌子一般放置在"厅里"（见图1-5），桌上摆放茶具、水果等招待客人。现已少见。

2-42◆马牧

条几儿 [tʰiɑo²²tɕiər²¹]

一种狭长形桌子，桌面两端翘起，桌腿与桌面连接处有装饰。一般放置在"厅里"（见图1-5）靠后墙的位置，主要用来摆放装饰品等。现多用作供桌，摆放供品、香烛等。

茶几儿 [tsʰɑ²²tɕiər²¹]

茶几。狭长形，"茶几儿"比"条几儿"（见图2-43）低、短，桌面为平面，两端不翘起。"茶几儿"一般摆在客厅，与沙发配套。

洪洞

贰·日常用具

椅杌子 [ȵi²⁴uen⁵³tsʅ⁰]

传统木制椅子。椅面多为方形，两侧有扶手，后有靠背。有的"椅杌子"靠背处刻有花纹或吉祥字眼等。

长床儿 [tʂʰo²¹ʂuɤr²⁴]

传统木制狭长形凳子。凳面呈长条形，无靠背，无扶手，凳腿之间有横掌。现已少见。

2-46◆侯村

2-50◆侯村

墩墩儿 [tueŋ²¹tuɤ̃r⁰]

　　用玉米皮、麦秸等编制而成的圆柱形
坐具。凳面上可缝一根布条作为提手，方
便携带。

躺椅儿 [tʰã²⁴ȵiər⁴²]

　　靠背较长、可向后倾斜的木制椅子。人可斜躺。一般夏季放在院中，用于乘凉。图 2-46
是旧式躺椅。

方床儿 [fã²¹ʂuɤr²⁴]

　　新式木制凳子。凳面呈长方形，无靠背，
无扶手。与"方床儿"材质、外形、功能基
本相同，比它小的叫"小床儿" [ɕiɑo³³ʂuɤr²⁴]。

圆床儿 [yã²⁴ʂuɤr²²]

　　三条腿，凳面呈圆形的木制凳子。

2-48◆侯村

2-49◆侯村

2-51◆侯村

洗脸盆儿 [ɕi³³liã²⁴pʰɤ̃r²⁴]

　　脸盆。旧时用铜、铁打制而成，现多为铝质或搪瓷。

盆架儿 [pʰeŋ²²tɕiɐr⁵³]

　　用来放置洗脸盆的木制架子。有三足、四足、五足或六足不同形制，中间圆圈处放置脸盆，圆圈下设置抽屉，可放置肥皂等。盆架背部制成门字形，横木上可搭毛巾，木棍相连处有装饰物。

2-52◆大槐树古村

笤帚 [tʰiɑo²¹tʂu²⁴]

去除灰尘、垃圾的清扫用具。用脱粒后的高粱穗等绑制成扇形，高粱秆绑成约半米高的手柄，一般用于清扫家里的地面。短柄的"笤帚"用于扫炕、扫床。

绵扫帚 [miã²²sɑo³³tʂu⁰]

去除灰尘、垃圾的清扫用具。与笤帚不同，"绵扫帚"是用成熟、晾干的整棵扫帚苗儿 [sɑo³³tʂu⁰miɑor²⁴] 地肤，一种植物绑制而成，体积较大，主要用于清扫院子、打麦场等。

簟子 [tʰiã⁵³tsɿ⁰]

将多股细麻绳拧在一起、外包塑料皮的晾衣绳。一般绳子的两端分别固定在东西面院墙上。

2-56◆大槐树古槐路

2-57◆大槐树古槐路

灯槌儿 [teŋ²¹tʂʰuər⁰]

木制或铁制照明用具。最下部为底座，最上部为灯碗，中间有一至两层托盘。由木杆或铁杆垂直支撑，灯碗用来盛放灯油，碗中放置灯芯。"灯槌儿"曾是电灯普及前最主要的照明用具。

马灯 [ma²⁴teŋ²¹]

上有提手，底座中盛油，中部有玻璃罩，可罩住灯捻儿，上部有两层铁盖，铁盖之间有空隙，便于排气。家里、院子里都可使用。

酒坛子 [tɕiou²⁴tʰã²²tsʅ⁰]

用于盛酒的坛子。陶制，坛身呈圆筒形，底大口小，有盖。

菜坛子 [tsʰai²⁴tʰã²²tsʅ⁰]

盛放腌菜的坛子。肚大口小，肚子呈圆球形。

2-60◆大槐树古槐路

2-61◆大槐树古槐路

2-58 ◆大槐树古槐路

汽灯 [tɕʰi⁵³teŋ⁰]

与马灯相似，底部注油，通过打气增加气压后喷出的油花点燃灯芯来照明，无玻璃罩、无提手。

2-59 ◆侯村

海儿 [xer³³]

用于存放粮食等的陶制容器，圆筒形，肚比口稍大。

瓮儿 [uə̃r⁵³]

容量大，用于盛水、粮食等的容器。瓮身呈圆筒形且上釉，瓮口无釉，口比底略大，可有木制或芦苇编制而成的盖子，用于盛水的叫"水瓮儿"[ʂu³³uə̃r⁵³]，用于盛粮食的叫"粮食瓮儿"[lio²²ʂʅ⁰uə̃r⁵³]。洪洞万安一带盛产瓷瓮，已有数百年的历史，清末达到鼎盛。但随着时代的发展，这种瓷瓮已逐渐被更加便宜、轻便的塑料制品所取代，这项古老传统的手工艺濒临失传。

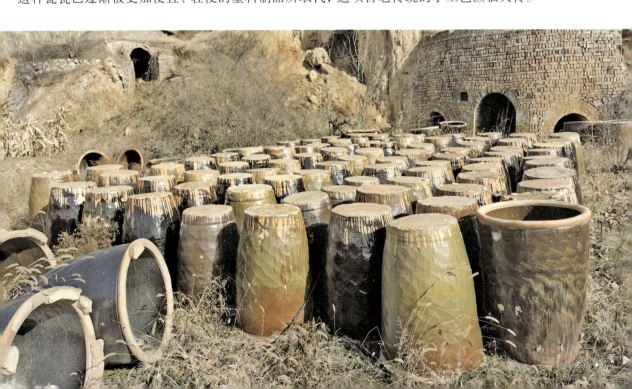

罐子 [kuã⁵³tsɿ⁰]

　　肚大口小，罐身上深色釉。"罐子"比"菜坛子"（见图 2-61）大，罐口处立起，坛口处是平的。主要用于存放杂粮等。

2-63◆侯村

立柜 [li²¹kuei⁵³]

　　木柜。用一块隔板将柜子分成上下两层，上层较大，主要用来存放被褥，下层较小，放置一些包着衣服的包袱。上层有两扇门，两扇门背后的木板上可以装镜子或挂物品。

2-65◆大槐树古槐路

柜 [tɕʰy⁵³]

　　体积较小的柜子。用两块隔板将柜子分上、中、下三层，中间为抽屉，放置较小的物品，上层有两扇门，空间较大，主要用来放置包袱。

2-66◆大槐树古槐路

中国语言文化典藏

2-64◆侯村

箱子 [ɕiã²¹tsɿ⁰]

　　传统木制家具，用来存放衣物。箱盖一半固定，一半可以活动，有枣红、柿子黄等颜色。常作为陪嫁。

竹子篮子 [tʂu²⁴tsɿ⁰lã²²tsɿ⁰]

　　用竹篾交织编制而成的篮子。篮身呈长方体状，有底，无盖，几根竹条通过篮身圈成提手，多用来装食物、蔬菜等。

馍馍篮儿 [mo²²mo⁰lɚ²⁴]

　　专门用来盛放食物的竹篮子。提手较长，有盖。过去家里有老鼠，人们通常将馒头等食物放入篮中挂在高处，防止老鼠糟蹋。

2-67◆侯村

2-68◆侯村

2-69◆侯村

挖挖儿 [uɑ²¹uɐr⁰]

　　痒痒挠。竹片一端向上弯起，弯起处呈齿状，用来挠背止痒；另一端有孔，孔中穿绳，不用时可挂起。

2-70◆侯村

刨虱儿 [pɑo²²sɐr⁰]

　　篦子。两边都有竹齿，齿较密，中间用竹板夹住，用来清除头上的虱子。

2-72◆侯村

搓板儿 [tsʰuɤ²¹pɐr⁰]

　　旧时多为木质，现在多为塑料制品，上面有齿状横槽，可宽可窄，用来洗衣服。

槽子 [tsʰɑo²²tsʅ⁰]

　　将长方体石头中间挖空即成。过去"槽子"可用来洗衣服，槽底左侧或右侧凿有一出水口。因为笨重，一般固定在河边或水池边，公共使用，随着生活水平的提高，现在已不再使用。底部无孔的"槽子"还可用来盛装饲料、水，放置在牲口圈中的叫"头口槽子"[tʰou²²ku⁰tsʰɑo²²tsʅ⁰]，放置在猪圈中的，叫"猪儿槽子"[tʂur²¹tsʰɑo²²tsʅ⁰]。

衣镜 [i²¹tɕiɛ⁰]

　　老式穿衣镜。由镜面和木质底座构成，一般放置在桌子上。

　　洪洞四季分明，春秋季服装主要以单衣裤、夹衣裤为主，夏季以透气性好的衬衫、短袖、短裤及裙子为主，冬天则以保暖性强的棉衣裤为主。在样式上，老式上衣主要为大襟式、对襟式，新式上衣则花样繁多。在材质上，传统服装以自织棉布为主，而新式服装则各式各样，有棉麻、丝绸、皮革等。旧时，简单衣物都是自己动手缝制，对样式要求较高的，则自带布料去找裁缝加工，现在人们基本不会自制，也很少去加工，衣物大多直接从商店购买。

　　旧时，洪洞妇女们都会在农闲时拿起针线，用当地特有的"木棉"[mu²⁴ȵiɑ⁰]纳鞋底，

中国语言文化典藏

依照当时流行的鞋样子，做成各式各样的鞋，如：冬天的"气眼儿鞋"[tɕʰi⁴⁴nȵ⁰xai²⁴]、春秋的"木棉底儿鞋"[mu⁴⁴nȵã⁰tiɚ³³xai²⁴]；男士的"脸儿鞋"[liɚ³³xai²⁴]、女士的"方口儿鞋"[fã²¹kʰour³³xai²⁴]。相比于现今市面上样式繁多的鞋，这种手工鞋显得有些过时，但它结实耐用、舒适性强，至今仍有很多人钟爱于它。

衣物除了满足人们日常生活所需外，还寄托着洪洞人对美好生活的追求。鞋垫上绣"牡丹""蝙蝠"取"花开富贵"之意，绣"蝴蝶""瓜蔓"取"瓜瓞绵绵"之意，包含着希冀子孙万代绵延不绝的愿望。

3-1 ◆侯村

衫儿 [ser²¹]

单上衣。20 世纪 60 年代以前多见，不分年龄，女性多穿"大襟子衫儿" [tʰo⁴⁴ɕien²¹tsʅ⁰ser²¹]

衣襟一片大，一片小，小片盖到前胸中线，大片超过中线将小片全部盖住，纽襻系在腋下（见图 3-1），男性多穿"对襟子衫儿" [tuei⁵³ɕien²¹tsʅ⁰ser²¹] 两片衣襟大小相同（见图 3-2）。

3-2 ◆大槐树古槐路

一衣裤

中国语言文化典藏

3-3 ◆侯村

大襟子袄儿 [tʰo²⁴tɕieŋ²¹tsɿ⁰ŋɑor³³]

偏襟式和大襟式都叫"大襟子袄儿",立领,用"扣球儿"[kʰou⁴⁴tɕʰiour⁰]_{纽襻}扣住,夏天穿的"衫儿"(见图 3-1)、春秋穿的夹衣、冬天穿的棉衣都可做成大襟式,主要为女性及儿童穿,保暖性强。

3-4 ◆侯村

3-5 ◆侯村

棉腰子 [miã²²iɑo²¹tsɿ⁰]

棉上衣。填充物为棉絮，主要用于保暖，多为对襟式，也有大襟式。

3-6 ◆侯村

3-7 ◆侯村

对襟子袄儿 [tuei⁵³tɕieŋ²¹tsɿ⁰ŋaor³³]

　　对襟立领，衣身两侧开衩，中间用"扣球儿"扣住，夏天穿的"衫儿"（见图 3-1）、春秋穿的夹衣、冬天穿的棉衣都可做成对襟式，起初主要是男性或老年女性穿用，20 世纪 50 年代后年轻女性开始穿。现在很少有人穿。

露屁眼裤子 [lou²⁴pʰi⁵³n̠iã⁰kʰu⁴⁴tsɿ⁰]

　　开裆裤。婴幼儿穿，冬季多为背带式，夏季多不用背带，只在裤腰左侧缝一根细带子，从左跨过脖子系到右侧裤腰即可。

棉裤子 [miã²²kʰu⁴⁴tsɿ⁰]

　　棉裤。裆部较宽，不分前后。裤腰处由单层白布缝制，裤腿为枣红色或黑色。

3-8 ◆侯村

3-9 ◆侯村

洪洞

叁 · 服饰

3-10 ◆侯村

汗衫儿 [xã⁴⁴sɐr⁰]

前后各由一块粗布裁剪而成，两侧用三四根手指宽的布条连起，夏季穿，无领无袖，多为灰色或白色，多为男性穿。

护裙儿 [xu⁴⁴tɕʰyɜr⁰]

半身围裙，粗布缝制，长短不一。姑娘出嫁时娘家要陪送"护裙儿"，寓意婚后要持家。

3-11 ◆侯村

半截儿裤衩儿 [pã⁵³tɕiɐr⁰kʰu⁴⁴tsʰɐr⁰]

也叫"半截儿裤子" [pã⁵³tɕiɐr²⁴kʰu⁵³tsʐ⁰]。夏季外穿，长度在膝盖以上，不分前后。有的无口袋，有的有口袋，口袋多在裤腿外侧中缝处。

颔水牌 [xã²²ʂu⁰pʰɛ²²]

防止婴儿口水流在脖子里的用品。圆领，有整圈的，有只挂在胸前的。

3-14 ◆侯村

3-15 ◆侯村

3-12◆侯村

裹头儿 [kuɣ⁴²tʰour⁰]

肚兜。上方一端缝布带或细绳，跨过颈后和另一端系住，腰两侧有两条带子束在身后，贴身穿，用于保暖。男性多为白色，女性和儿童多为红色，上面可刺绣，也有用小方格花布缝制的。未满一周岁儿童的肚兜上要绣"五毒"[u²¹tʰu²⁴]蜈蚣、蝎子、蛇、壁虎、蟾蜍，当地人认为可辟邪。

背褡褡儿 [pei⁴⁴taⁿtɐr⁰]

马甲。

3-16◆侯村

3-13◆大槐树古槐路

袍子 [pʰao²²tsɿ⁰]

旧时有钱有地位的男性穿的服饰，立领或圆领，对襟或偏襟式，长度在膝盖以下、脚踝以上，两侧开衩。有夹袍子、棉袍子，主要为黄色、黑色或蓝色，腰部里侧有口袋。

3-17◆侯村

麦秸帽儿 [mɛ²⁴tiã⁰mɑor⁵³]

也叫"麦秸帽子"[mɛ²⁴tiã⁰mɑo²⁴tsʅ⁰]，用细麦秸编成的帽子。圆顶宽沿，用来遮阳挡雨。

方口儿鞋 [fã²¹kʰour³³xɑi²⁴]

鞋口为方形的老式女单鞋。浅口，鞋襻外侧有搭扣固定鞋带，20世纪五六十年代盛行。

气眼儿鞋 [tɕʰi⁴⁴n̠ier⁰xɑi²⁴]

鞋面处钉有供穿鞋带的"气眼儿" [tɕʰi⁴⁴n̠ier⁰]空心金属圆圈的自制鞋，可夹可棉，棉鞋较常见，又叫"糙鞋"[tsʰɑo²¹xɑi²⁴]，现在很少见。

3-21◆侯村

3-20◆侯村

手巾儿 [ʂou³³tɕiə̃r⁰]

当地农民多以白羊肚子毛巾包头，春秋季抵御风沙，夏季防晒。从前额处向后包头，挽在脑后；夏季时将毛巾围在头上，两端打结，露出头顶，可通风散热。

3-18◆侯村

3-19◆侯村

脸儿鞋 [liɐr³³xɑi²⁴]

旧式男单鞋。鞋面处有两条突出的棱，多为黑色、白色单鞋，鞋底为千层底，无明线，现在很少有人穿。

绷带儿鞋 [peŋ²¹tɐr⁰xɑi²⁴]

浅口女士单鞋。脚面处有松紧带固定在鞋两侧，可防止鞋掉落，穿起来特别舒适，多为老年女性穿。

圆口儿鞋 [yã²²kʰour³³xɑi²⁴]

圆形鞋口的男式单鞋。浅口，无鞋带。多在干农活时穿。

3-22◆侯村

3-23◆侯村

洪洞

叁·服饰

91

老虎儿鞋 [lɑo⁴²xur⁰xɑi²⁴]

鞋面处绣着虎头、鞋后缝虎尾的童鞋。多在儿童过一周岁生日时穿。有时只在鞋面上绣虎头，不做虎尾。

木棉底儿鞋 [mu⁴⁴n̠iɑ̃⁰tiər³³xɑi²⁴]

用"木棉"（见图5-113）鞋底做成的鞋。用"木棉"和糨糊做成袼褙，然后按鞋底大小剪下，再用线或麻绳纳制，做成"木棉"鞋底。鞋底厚薄不一，一般男厚女薄。

油鞋 [iou²¹xɑi²⁴]

橡胶制成的雨鞋。

中国语言文化典藏

3-26 ◆侯村

鞋垫儿 [xɑi²⁴tʰiɐr⁵³]

鞋垫。当地人喜欢在鞋垫上绣花卉或绣吉祥字眼等，美观的同时也寄托着对美好生活的向往。

木棉袜子 [mu⁴⁴n̠iã⁰vɑ⁴⁴tsʐ⁰]

旧时用白色粗布缝制而成的袜子。袜筒高约10厘米，现在很少见到。

3-28 ◆侯村

公子帽儿 [kueŋ²¹tsʐ⁰mɑor⁵³]

一周岁左右儿童冬天常戴的帽子。帽顶、帽耳处有装饰，帽耳处多有流苏，包头遮耳。

3-29 ◆侯村

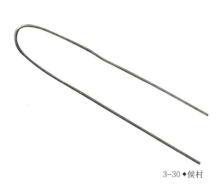

3-30 ◆侯村

钗儿 [tsʰɐr²¹]

发钗。由细铁丝围成 U 字形，别在盘起来的发髻上，富户人家多用金银制成。

头花儿 [tʰou²²xuɐr⁰]

将布叠成花儿的样子，扎在女童束起的头发上，颜色多为红色、粉色等。

耳环儿 [ər³³xuɐr⁵³]

耳环。由金、银等制成。戴在耳洞中，有的"耳环儿"下还吊有坠子等。

3-31 ◆侯村

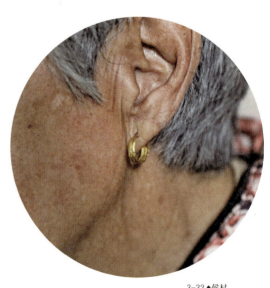

3-32 ◆侯村

3-33◆侯村

项链儿 [ɕio⁴⁴liɐr⁰]

用金、银、玉、珍珠等打制而成的项链，有的有吊坠。

琉琉串儿 [liou²²liou⁰tʂʰuɐr⁵³]

由玻璃珠子穿起来的项链。可长可短，颜色艳丽，深受当地人喜爱。

3-35◆侯村

镯子 [tʂuɤ²²tsʐ⁰]

由金、银、铜、玉等制成。戴在手腕或脚腕上，镯面可雕刻花卉、花纹、吉祥字眼等，女性或儿童佩戴者居多，儿童佩戴的叫"镯镯儿" [tʂuɤ²²tʂuɤr⁰]。

3-34◆侯村

95

3-36 ◆侯村

手串儿 [ṣou³³tṣʰuɐr⁵³]

玻璃或塑料珠子等穿起来的手链。

手环儿 [ṣou³³xuɐr⁵³]

戒指。

小手巾儿 [ɕiɑo⁴²ṣou³³tɕiə̃r⁰]

手绢。

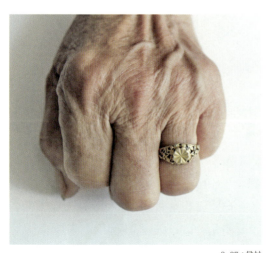

3-37 ◆侯村

3-38 ◆赵城北街

3-39 ◆侯村

3-40 ◆大槐树古槐路

背包儿 [pei^{24}paor^{0}]

旧时用粗布做成的简易提包。背带较长，可斜背、单肩背。

提包儿 [t^{h}i^{21}paor^{24}]

女性提在手里的包。带子较短，包面有刺绣，做工精致，多在外出时使用。

褡儿 [tɐr^{21}]

褡裢的一种。搭在肩上的长方形口袋。中央开口，两端各有一个袋子，装钱物用，多由粗布缝制。

3-41 ◆侯村

　　俗话说"靠山吃山，靠海吃海"，饮食往往就地取材，烙有当地独特的印记。洪洞的主要粮食作物为小麦，因此主食、副食多以面制品为主。如：蒸制面食有"馍馍"[mo²²mo⁰]、"骨雷＝"[ku³³lei²⁴]等，煮制面食有"撅疙瘩"[tɕya²¹kɤ⁰ta⁰]、"斜斜儿"[ɕia²²ɕier⁰]等，烙制面食有"燔糕儿"[po⁴⁴kaor⁰]、老式"鸡蛋糕"[ti²¹tʰɑ⁰kao²¹]等，炸制面食有"麻花儿"[ma²²xuer²¹]等，虽都是单一的面制品，但通过或蒸，或煮，或烙，抑或炸的方式，被心灵手巧的洪洞妇女翻出了许多花样，使其成为一日三餐、闲暇时间不可或缺的食物。

　　除了小麦，当地还种高粱、小米、黍子等杂粮作物，用这些杂粮做成杂粮面食、

熬成"米汤"[mi²⁴tʰo²¹]、焖成"焖饭"[meŋ²⁴fã⁰]，在以小麦面粉为主的饮食结构下，用这些杂粮食品调剂口味，也别有一番滋味。

　　洪洞人所食用的菜肴多为家常菜。在自家院中辟出一小块土地，春日撒下菜种，夏秋收获果实。摘下新鲜的茄子、豆角、西葫芦，洗净清炒，既简单美味又绿色环保。若有吃不完的蔬菜，人们将其晒干或腌制，做成各种干菜及腌菜，以应对缺乏新鲜时蔬的冬日。虽然现在生活水平已极大提高，交通运输也日益便捷，但洪洞人仍保留着祖先千百年来的传统，从点点滴滴上传承着中华民族勤俭节约的优良美德。

4-1◆侯村

馍馍 [mo²²mo⁰]

馒头。发面蒸制而成，有圆形的，有长方形的。

米汤 [mi²⁴tʰo²¹]

大米、小米与红豆、绿豆、麦仁等加水熬制而成的粥，以大米为主的叫"大米米汤" [tɑ⁴⁴mi⁰mi²⁴tʰo²¹]，多于夏季时每日中午或晚上食用；以小米为主的叫"小米儿米汤" [ɕiɑo⁴²miɚ⁰mi²⁴tʰo²¹]，当地人喝得比较多，每日晚上食用。

焖饭 [meŋ²⁴fɑ⁰]

将小米或大米与豆类等混合焖制而成的干饭。

4-2◆侯村   4-3◆侯村

4-4 ◆侯村

4-5 ◆侯村

糊糊 [xu²²xu⁰]

将玉米面加水后，不停地搅拌熬制而成的糊状食物，里面还可添加蔬菜。

拌汤 [pʰã⁴⁴tʰo²¹]

将白面用水搅拌成面疙瘩，用筷子将面疙瘩夹入水中煮熟，再在面汤内加入鸡蛋、菜、调料后即可，主要在早晚时食用。

旗子 [tɕʰi²²tsɿ⁰]

面条的统称。将和好的面团用擀面杖擀薄后切成条状，煮熟后加作料或菜肴即可食用。

米旗儿 [mi³³tɕʰiər⁰]

将小米、面条与豆角、萝卜、南瓜等蔬菜混合煮熟，加调料后即可食用。

4-7 ◆侯村

4-6 ◆侯村

糊糊旗子 [xu²²xu⁰tɕʰi²²tsɿ⁰]

在"糊糊"（见图4-4）中加入面条，再配以豆角、萝卜、南瓜等蔬菜混合煮熟，加调料后即可食用。既有汤又有主食，深受当地人喜爱。

饸饹旗子 [xo²²lo⁰tɕʰi²²tsɿ⁰]

和好的白面经"饸饹床子"[xo²²lo⁰tɕʰuɤ²²tsɿ⁰]做饸饹的工具，底有漏孔压成的长面条，称为饸饹。饸饹加汤煮熟配以豆腐、豆角、韭菜等即成"饸饹旗子"，多在办喜事、丧事时食用。

拉条子 [la²²tʰiao²²tsɿ⁰]

白面擀好后切成段，双手提起两端将面抻长，抻开的面条可长约1米，宽约0.2—0.5厘米，有的还可宽至1厘米左右，叫"宽条子"[kʰuã²¹tʰiao²²tsɿ⁰]。

挂面 [kua²⁴miã⁰]

白面添加盐、碱、水和成面团，再压成面条，悬挂晾干。多用来做汤面食用。

4-10 ◆侯村

4-11 ◆侯村

擦圪斗 [tsʰa²⁴kɤ²¹tou⁰]

　　白面、玉米面或"两和面"[lia̍⁴²xuɤ²²mia̍⁵³]白面和玉米面和成较软的面团，将面团放在"擦圪斗板子"[tsʰa²⁴kɤ²¹tou⁰pã³³tsɿ⁰]专门用来擦面的擦子上用力向前擦，擦成形似蝌蚪的面条，煮熟后放盐、调料、蔬菜等食用。

撅圪瘩 [tɕya²¹kɤ⁰ta⁰]

　　将面团擀薄后，切成宽约1—2厘米的长条，再将长条揪成小块，在洪洞方言中"揪"的动作叫"撅"，块状物叫"圪瘩"，所以这种面食叫"撅圪瘩"。"撅圪瘩"加蔬菜煮熟，佐以调料后食用。

削面 [ɕio²²mia̍⁰]

　　将和好的面团放置在长方形面板上或托在手中，用削面刀将面削入锅内，煮熟后再加蔬菜、鸡蛋、丸子、调料后食用。

斜斜儿 [ɕia²²ɕier⁰]

　　将和好的面团用擀面杖擀薄后切成菱形，加菜煮熟后食用。

4-14 ◆侯村

4-15 ◆侯村

酥肉面 [sou²¹ʐu²¹miã⁵³]

猪瘦肉切块，裹上鸡蛋、淀粉炸制后做成"酥肉"[sou²¹zou²¹]，放入煮熟的饸饹中，佐以香菜、葱花、韭菜。

4-19 ◆侯村

4-16 ◆侯村

起面燔馍馍 [tɕʰi³³miã⁰po²⁴mo²²mo⁰]

将发面与"死面"[sɿ³³miã⁰] 未发酵的面按比例和好，擀成厚圆饼，用鏊子烙熟即可食用。"起面燔馍馍"松软，烙制时少油，深受老年人喜爱。

窝面燔馍馍 [uɤ²¹miã⁰po²⁴mo²²mo⁰]

将玉米面和白面按比例和成面团，擀成厚圆饼，用鏊子烙熟后切开即可食用。在白面稀缺的年代，"窝面燔馍馍"曾是当地居民餐桌上最主要的食物。如今，它作为绿色健康的粗粮食品深受人们喜爱。

4-18 ◆侯村

软面燔馍馍 [ʐuã³³miã⁰po²⁴mo²²mo⁰]

用开水将白面和成较软的面团，擀成圆形面饼，面饼中加入调料后卷起，切分成小份，揉好后擀成圆饼，在鏊子上刷油，烙至两面金黄后食用。

4-20 ◆侯村

旋子 [ɕyã²⁴tsɿ⁰]

　　烧饼。用发面烤制的圆饼，饼中还可夹菜、肉或鸡蛋等。

燔糕儿 [po⁴⁴kaor⁰]

将白面和成较软的面团后擀成皮，韭菜、粉条、鸡蛋、炸豆腐块为主要馅料，包好后擀成圆饼，烙熟即可，饼下还可加鸡蛋，煎制时多使用猪油。皮薄馅大、外酥里嫩，浓香四溢，是当地特色食品。

骨雷⁼ [ku³³lei²⁴]

将白面、玉米面和小段豆角搅拌均匀，放在箅子上蒸熟。蒸好后再用水煮一下，使其更软，煮后的又叫"煮骨雷⁼" [tʂu⁴⁴ku³³lei²⁴]。

包子 [pɑo²¹tsʅ⁰]

用发面做皮,内包菜馅或肉馅蒸制而成的食物。

4-22 ◆侯村

4-23 ◆侯村

煮角儿 [tʂu²⁴tior⁰]

饺子。又叫"扁食"[piɑ̃³³ʂʅ⁰]。用白面擀成薄皮,内包菜馅、肉馅,包好后呈半圆形、半月形或元宝形,下锅煮熟即可食用。旧时当地人只在过年、有喜事时才吃,现在已成为日常主食。

拍拍儿 [pʰɛ⁴⁴pʰɛr⁰]

将玉米面、白面或"两和面"和好后,揪一小块揉成圆形、压扁即成。"拍拍儿"一般放在稀饭中煮熟,和稀饭一起食用。在粮食短缺的年代,既可充饥,又节约粮食。现在,人们把它作为绿色健康的粗粮食品食用。

4-25 ◆侯村

4-26◆侯村

油茶 [iou²⁴tsʰɑ²²]

　　将白面、玉米面、小米面与花生、芝麻等混合炒至焦糖色，炒好后用水调成稠糊状即可食用。

4-27◆侯村

枣儿米 [tsɑor³³mi⁴²]

　　当地传统食品。将泡好的黍米与枣层层相间铺在特定的容器中蒸制而成，软糯黏甜，是逢年过节、婚丧嫁娶宴请宾客必不可少的食品，现在平常也食用。

中国语言文化典藏

鸡蛋糕 [ti²¹tʰã⁰kɑo²¹]

　　蛋糕。将白面、砂糖、鸡蛋混合和面发酵后,在鏊子上烙熟,最后切成方块即可食用,这是老式蛋糕的做法,现在的蛋糕使用烤箱烤制。

黄儿 [xuɣr²⁴]

　　玉米面发酵后蒸熟,用刀切成块状即成。

4-30 ◆侯村

麻花儿 [mɑ²²xuer²¹]

发酵好的白面搓成长条，将两三股面条拧在一起后入油锅炸制而成，口感酥脆。

炸油糕儿 [sɑ²⁴iou²²kɑor²¹]

黍子面蒸熟后做皮，红豆、枣泥等作馅，包好后压扁，呈圆形，口感甜糯。旧时当地人只在逢年过节时才吃，现在已是日常食品。

4-31 ◆侯村

窝窝 [uɤ²¹uɤ⁰]

也叫"窝窝头"[uɤ²¹uɤ⁰tʰou²⁴]。玉米面蒸
制而成，呈圆锥状，上小，下大，中空，因中
空的地方像一个窝，故名。

4-32◆侯村

食条儿 [ʂɿ²¹tʰiɑor²⁴]

用未发酵的玉米面团蒸制而成，蒸熟切成长条即可。

4-33◆侯村

红薯片儿 [xuen²²ʂu⁰pʰiɐr⁵³]

红薯洗干净后，切成薄片，在鏊子上
烤熟。

4-34◆侯村

113

4-35 ◆侯村

4-36 ◆侯村

粉条 [feŋ²⁴tʰiao⁰]

红薯粉或土豆粉调成稀糊状，放在漏勺里漏进煮开的水中，捞出后晾干。

粉丝儿 [feŋ²⁴sʅər⁰]

制作原料、工序与制作粉条相似，但比粉条细，易熟。

豆腐脑儿 [tʰou⁴⁴fu⁰naor⁴²]

豆浆煮开后加入石膏凝结而成的半固体状食品。可浇入由油豆腐、黄豆、粉丝、海带等制成的卤，吃时还可加入韭花酱。

炸豆腐 [sa²²tʰou⁴⁴fu⁰]

将豆腐晾干后，切成块状，用油炸至金黄色即成。

4-40 ◆侯村

4-37 ◆侯村

4-38 ◆侯村

4-39 ◆侯村

豆腐干儿 [tʰou⁴⁴fu⁰kɐr²¹]｜豆腐皮儿 [tʰou⁴⁴fu⁰pʰiər²⁴]

将豆腐脑放在筛子中，用石头压至没有多余水分后切成方块厚片，再将块状豆腐浸入卤水中煮半小时左右后捞出晾干即成"豆腐干儿"，口感筋道。

若将豆腐脑压成薄片后卤煮即成"豆腐皮儿"。

烟叶子 [iã²¹iɛ²²tsʅ⁰]

将烟叶阴干后配上红小豆叶，用油炒制后碾碎而成。当地人将其放入烟斗中抽，或用报纸、白纸卷成香烟状来抽。

烟丝儿 [iã²¹sʅər⁰]

烟叶切丝炒熟之后即成。"烟丝儿"比"烟叶子"（见图 4-41）更细腻。

4-41 ◆侯村

4-42 ◆侯村

洪洞

肆·饮食

115

4-43◆侯村

烩菜 [xuei²⁴tsʰai⁰]

当地特色菜肴。将粉条、豆腐、肉、海带、炸豆腐、冬瓜等加猪油、水、作料放入锅中烩成。旧时当地人多在逢年过节或办红白喜事时食用，现在已成为日常食用的菜肴。

4-45◆侯村

羊獬熏鸡儿 [io²¹xai²⁴ɕyeŋ²¹tiər²¹]

传统特色肉食。相传，羊獬村为娥皇、女英的娘家，当地盛产熏鸡。其制作过程精细，老汤卤制后又采用传统的小锅熏蒸法制作而成，色泽鲜亮，外皮脆韧，肉质细腻，酥香软烂，是当地人逢年过节餐桌上必不可少的佳肴。

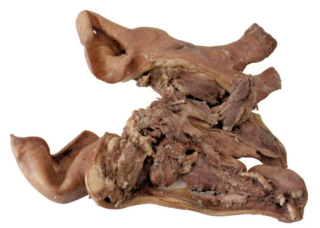

4-44 ◆侯村

赵城猪头肉 [tʂao⁴⁴tʂʰeŋ⁰tʂu²¹tʰou⁰zʅ²¹]

传统卤制肉食，其中以赵城镇的猪头肉最为有名。将猪头肉卤熟，蘸蒜末、陈醋调成的料汁食用。

炒萝卜 [tsʰao³³luɤ²²pʰu⁰]

将白萝卜切成丝，用油加作料炒熟即成。还可以炒胡萝卜，叫"炒胡萝卜" [tsʰao³³xu²²luɤ²²pʰu⁰]。

4-46 ◆侯村

4-47 ◆侯村

炒山蔓菁 [tsʰao³³sã²¹mã²²tɕiɛ⁰]

"山蔓菁" [sã²¹mã²²tɕiɛ⁰] 即土豆，将土豆切丝，用油加作料炒熟即成。

4-48◆侯村

炒角儿 [tsʰɑo³³tior⁰]

"角儿" [tior²¹] 即豇豆，将豇豆切成小段，用油加作料炒熟即成。

4-49◆侯村

干角儿 [kɑ̃²¹tior⁰]

将豆角、豇豆煮熟之后用线串起来晾干即成。做烩菜、煮饭时可当配菜。

萝卜条儿 [lo²²pʰu⁰tʰiɑor²⁴]

将白萝卜切成条晒干后即成。经过晒制的萝卜条更有嚼劲。20世纪60年代时当地人多煮在稀饭或汤面中食用，现在一般腌成咸菜食用。

4-50◆侯村

4-52◆侯村

咸菜 [xɑ̃²¹tsʰɑi²⁴]

将芥菜根茎、胡萝卜、白萝卜、黄瓜、洋葱等拌以醋、酱油等各种调料，霜降后腌在坛内，一个月左右开封后切成丝即可食用。

4-51◆侯村

黄菜 [xuɤ²¹tsʰɑi²⁴]

霜降后的芥菜根茎擦成丝，芥菜叶子切碎后用油搅拌，装入坛中腌制三天左右即可食用。

伍·农工百艺

　　洪洞县境内大部分属于汾河冲积平原，农业发达，主要农作物为小麦、玉米、高粱和棉花。水地种植小麦、玉米等粮食作物，旱地种植谷类、豆类。洪洞以农业为主，农产品收入是其主要的经济来源，所以当地人对这些庄稼格外用心。春日，疏松土壤、施肥，为播种做准备，接着撒种、除草、间苗……待到夏秋日，庄稼都成熟了，割麦、掰玉米、挖红薯、打豆子……。不过，如今这种场面在洪洞已经很少见了，大多数年轻人外出打工，农田基本都由留守老人耕种，由于身体原因，他们只种植一些粮食作物。平川地区农业机械化程度较高，山区还沿袭着传统的农业生产方式，保留着较为古老的农具。

　　在农村，每逢固定的日子，附近乡镇的小商小贩就会聚集在一起，形成"集"或"会"，主要售卖日用品、农具等，满足人们基本的生活需求。而在乡镇，流动

性的摊位很少，固定商铺居多，近年来，还出现了现代化的超市。

　　在手工业方面，由于当地盛产棉花，旧时，洪洞家家户户都有纺织工具，妇女们将棉花纺成线，用棉线织成"木棉"[mu²⁴ɳiɑ⁰]，再用这种粗布制作成衣服、鞋袜、床单等日用品。为美观，她们还要在这些日用品上绣出花纹，久而久之，形成了洪洞特色手工业——刺绣，代表性的当属"毛姥姥手工刺绣"，因刺绣技术精湛，2005年入选洪洞县第五批非物质文化遗产名录。其他的手工业还有"洗得ⁿ石"[ɕi²⁴tei²¹ʂʅ²⁴]、磨剪子、弹棉花等，这些手工业与人们的生活息息相关，主要是为了满足基本的生活需求。但随着机械化程度的提高，这些传统手工艺及相关工具已逐渐消失，如弹棉花，早在30年前，人工弹棉花还很盛行，但在短短的30年后，机器已全部取而代之，手工弹棉花使用的工具也已消失。

5-1 ◆

水地 [ʂu⁴²tʰi⁰]

　　有灌溉设施浇灌种植作物的耕地。水地种植的农作物多为小麦、玉米等重要粮食作物，头年农历八月播种小麦，第二年农历五月收割，收割之后再种植玉米，同年九月收获。

旱地 [xã²⁴tʰi⁰]

　　无灌溉设施、靠天然降水种植旱生农作物的耕地。旱地作物多是一年一熟，农历三月播种，九月收获，主要种植豆类、谷类等。

5-2 ◆耿峪

耕地 [tiɛ²¹tʰi⁵³]

利用牛、马、驴、骡子等牲畜作为拉力，用犁翻耕土地。可使土地松软，便于播种。

耙地 [pʰɑ²¹tʰi⁵³]

利用牛、马、驴、骡子等牲畜作为拉力，拉动"耙" [pʰɑ⁴²]用于破碎土块、平整土地的农具（见图 5-39）进行的一种表土耕作。通常在耕地后、播种前进行，有疏松土壤、保蓄水分、提高土温等作用。

沤粪 [ŋou²¹feŋ²⁴]

将人畜粪便与灰、尘土、树叶等混合，放置在平地上或挖好的坑内，经过一段时间发酵后形成肥料。

扬粪 [io²¹feŋ²⁴]

将发酵好的粪均匀地撒到田里。

中国语言文化典藏

吓毛神 [xa⁵³mao⁰ʂɤ⁰]

将两根木棍交叉做成十字，十字顶端戴一顶草帽，左右两侧的十字上套衣服或捆一圈稻草，扮成人形，插在田间地头，防止鸟类偷食作物，等庄稼收获后撤去。

割麦 [kɤ²¹mɛ²¹]

小麦是当地最主要的粮食作物。农历五月时小麦成熟，农民开始收割。

洪洞

伍·农工百艺

掰稻黍（一）[pã²¹tʰɑo²⁴ʂu⁰]

农历九月玉米成熟后，将玉米连皮从玉米秆上掰下来。在洪洞，整株的玉米叫"稻黍"[tʰɑo²⁴ʂu⁰]，玉米棒叫"稻黍"或"圪垛子"[kɤ²¹tuɤ²⁴tsʅ⁰]，所以"掰稻黍"也叫"掰圪垛子"[pã²¹kɤ²¹tuɤ²⁴tsʅ⁰]。

掰稻黍（二）[pã²¹tʰɑo²⁴ʂu⁰]

玉米晒干后，一手拿一根未脱粒的玉米，一手拿一根已脱粒的玉米棒，相互搓，直至玉米粒全脱净。现在当地人多使用机械化工具脱粒。

碾豆子 [$z̥ã^{42}t^hou^{24}ts̥ι^0$]

将带豆荚的豆秆割回、晒干，人工用棍棒敲打，豆荚爆开。也可用牲口拉着"立柱" [$li^{24}ts̥^hu^0$] 石制脱壳农具（见图 5-41）来回碾压。

出红薯 [$ts̥^hu^{21}xueŋ^{21}s̥u^{24}$]

挖红薯。农历九月末十月初红薯成熟，用铁锹、镢头、耙子等将红薯从土地中挖出，收获后，放入地窖内保存。

洪洞 │ 伍·农工百艺

5-13 ◆住

扬场 [io²¹tʂʰo²⁴]

将谷物颗粒、玉米粒等迎风扬起,借助自然风力或利用风车,使颗粒与壳、杂质分离。

5-14 ◆大槐树古槐路

麦秸墼儿 [mε²⁴tiã⁰tɕier²¹]

麦秸垛。先将一些麦秸围成圆圈,一人在上面踩踏,几个人往上扔麦秸,一层一层摞起来,垒成圆锥形或长方体状,最后在外面抹泥,以防雨雪。用时可从下部抽取,储存的麦秸主要作为牲口冬季的饲料。

锄地 [sou²¹tʰi⁵³]

用锄头将田里的杂草锄干净或者疏松土壤。

间苗儿 [tiã²⁴miɑor⁰]

按一定的株距将多余的幼苗拔掉，留下长势较好的幼苗。

洪洞

伍·农工百艺

5-17 ◆侯村

5-18 ◆侯村

拔草 [pʰɑ²⁴tsʰɑo⁴²]

用手除去长势较高的草。

入瓮 [zu²¹ueŋ²⁴]

粮食晒干、清理干净之后，装入瓮中保存。

水渠儿 [ʂu²⁴tɕʰyər⁰]

在地头人工挖掘的渠道，用于灌溉农田。

5-19 ◆侯村

中国语言文化典藏

5-20 ◆侯村

锄 [sou²⁴]

由木质长柄和锄头两部分组成，锄头由生铁制成，刀刃较薄，专用于耕种、除草、疏松植株周围的土壤。

5-21 ◆侯村

镢 [tɕy²¹]

"镢"包括手柄和镢头两部分，木制手柄有长有短，镢头为由生铁铸成的铁片，前宽后窄，铁片后有孔，将其固定在手柄一端，主要用于刨土。

肘⁼担 [tʂou²⁴tã⁰]

扁担。在一根长约 2 米的横木两端各挂一个铁制长钩，长钩下可挂桶或箩筐，主要用来担水、担粪。

5-22 ◆侯村

5-23 ◆侯村

尖担 [tɕiã²¹tã²¹]

两头尖、中间较宽的横木，将麦捆、谷捆等捆状物插在两头担起，起到运输的作用。

簸箕儿 [po⁴²tɕʰiər⁰]

用来把粮食的皮、糠等较轻杂质和粮食分开，簸净粮食。

5-24 ◆侯村

笼卧 ⁼ [leŋ²⁴uɤ⁵³]

笭筐。由荆条编制而成，用两根柳木交叉成十字固定在筐边，作为提手。主要用来盛放粪、土、柴等。

篓子 [lou²⁴tsʅ⁰]

用竹篾、荆条等编成的深口无梁的筐子。可用来盛放、搬运粮食等。

5-27 ◆侯村

5-28 ◆侯村

5-25◆侯村

5-26◆侯村

篼儿 [yɤr²¹]

　　用柳条编制而成用来盛放粮食的深口用具。有的用长木片做成提手。

笸箩子 [pu²¹luɤ²⁴tsʅ⁰]

　　用柳条密编而成用来盛放谷物的圆形用具。无提手，大小不等。体积较小的叫作"笸箩儿"[pu²¹luɤr²⁴]，用来盛放针头线脑。

油篓儿 [iou²¹lour²⁴]

　　篓身用竹子编制而成，篓内刷有桐油防漏，旧时用来盛装液体。

筐子 [kʰuã²¹tsʅ⁰]

　　与"篓子"相比，"筐子"较低。无盖、无提手，多用荆条编成，主要用来盛放、运送粪土。

5-29◆曹家沟

5-30◆侯村

5-31 ◆侯村

5-32 ◆侯村

镰 [liã²⁴]

由木柄和生铁铸成的刀片构成。刀片略弯，用于割庄稼或草。

砍刀 [kʰã²⁴tao⁰]

由木质或铁质刀柄和刀身组成，刀身呈月牙形，刀背较厚，齐头，刀刃非常锋利。主要用于砍、剁骨头，砍柴等。

5-34 ◆侯村

洋镐 [iã²⁴kao²¹]

用来挖掘坚硬的土石。镐头为铁质，两端为尖头，手柄为木质。

5-33 ◆侯村

铡刀 [sa²¹tao²⁴]

铡刀由铡板和刀两部分组成，铡板是一块中间挖槽的长方形木料，槽两边镶铁条，铁条上有齿；刀为短柄的生铁刀，刀尖部位固定在槽内。铡刀是专门给牲畜铡草料用的，一人把草料平铺到铡板上，另一人握住刀柄用力切下。

5-35 ◆侯村

耙子 [pʰɑ²²tsʅ⁰]

用于平整土地的农具。由铁头和木制长手柄相连构成，铁头一般有 9 个齿，齿上粗下细，齿上有棱，使用时齿头朝下，前后拉动耙子将土地弄平整，如遇到较大的土块，还可以将齿头朝上，用铁头平的部位将土块击碎。

耙儿 [pʰer²⁴]

专门用来聚拢或散开谷物、柴草的木制农具。由木质耙头和长手柄相连构成，耙头为木板，木板一侧带齿，一般有 11 个齿，齿上粗下尖，使用时齿头朝上，用耙头平的部位将谷堆或柴草堆推开；齿头朝下，向内拉动耙，将摊开的粮食聚拢成堆。齿头朝下使用还可将摊平的谷物拉出缝隙，使谷物干得更快。

5-36 ◆侯村

角犁 [tio²⁴li⁰]

旧时用于耕地的农具。由角铧、拖头、犁身和手柄等部分组成，角铧为生铁铸成的三角形状，其余部件为木制。

5-37 ◆耿峪

步犁 [pʰu²⁴li⁰]

新式耕地农具。由犁铧、犁身、犁把、拖头等部分组成，所有部件均由铁铸成。犁铧面积比角犁的面积更大，且带有翻地的功能。

5-38 ◆侯村

连枷 [liã²¹tiɑ²⁴]

在长木柄一端连接细木条或木棍来拍打谷物、小麦、豆类等，使谷物、豆类等籽粒脱落。

5-40 ◆侯村

立柱 [li²⁴tʂʰu⁰]

石质圆柱体状，实心，在两平面中心处各凿有一个小洞，牲口通过两侧的小洞拉动"立柱"，通过碾轧将高粱、谷子等脱壳。

5-41 ◆侯村

耙 [pʰɑ⁴²]

用于破碎土块、平整土地的农具。由硬质木头做成长方形的框架，在木框内两侧各装一块板状斜撑木作为踏板，在前后两个长框上镶有外露十几厘米的铁齿条，通常为前 13 齿、后 14 齿，耙前有两个"耙股子"[pʰɑ⁴²ku³³tsʅ⁰]钩状物体，可钩到牲口套的横杆上。当牲口拉动耙前行时，人的双脚分别踩在踏板上，增加重力，达到破碎土块、平整土地的作用。

四方木桶 [sʅ⁵³fã⁰mu²¹tʰueŋ⁴²]

方形木桶，用来运输、盛装粮食。上部有木质提手。下部形状与斗相同，只是可大可小，不像斗作为称量容器，体积是固定的。

碾儿 [ʐɐr³³]

用人力或畜力推动"碾儿"上的木棍使谷物等去皮、破碎。

洪洞　伍·农工百艺

5-44 ◆曹家沟

石窝子 [ʂʅ²⁴uɤ²¹tsʅ⁰]

石制脱壳、去皮工具。将大石块中间凿成窝，窝里放入带壳或带皮的谷物、高粱等，用石槌上下捣动，使其脱壳、去皮。

5-45 ◆侯村

筛儿 [sɜr²¹]

筛子。一般由细铁丝纵横交织编成方孔、圆孔状，四周用竹条或木板框成。

5-47 ◆侯村

运板 [yeŋ⁴⁴pã⁰]

用于聚拢粮食的木制农具。由两部分构成：下部为长方形木板，木板两边各连接一根木棒，两根木棒中间及另一端分别与一根木棍相连，中间的木棍起固定作用。下部的木板中间还有一个铁环，铁环中拴有绳子。使用时一人手握最上面的横木向前推，使粮食聚拢。当粮食过多时，另一人还可以拉着绳子，两人配合工作。

中国语言文化典藏

扇车 [ʂɑ⁵³tʂʰɑ⁰]

利用风力将谷物、麦子、黍子等作物的籽粒与壳皮分离，同时吹去尘土、净化粮食的农具。将粮食倒入"口子"[kʰou³³tsʅ⁰]粮斗、人工摇动风扇手把使风扇叶转动产生风力，经过风力的作用，谷物、麦子等作物的籽粒从槽中流出，壳皮、杂质等从风口吹出。

木锨 [mu²⁴tɕʰiɑ̃⁰]

木制的锨。主要用于扬场或铲雪。如果锨头是铁制的，叫"铁锨"[tʰie²¹tɕʰiɑ̃⁰]，主要用于玉米等较重的粮食扬场，也可以用来挖土、翻地等。

5-48◆侯村

洪洞 伍·农工百艺

141

5-49 ◆侯村

耧 [lou²⁴]

用于播种的农具。以人或牲畜为拉力，一人扶耧，可将开沟、播种、掩土三道工序一次完成。播种时，扶耧人将种子放入"耧斗" [lou²⁴tou⁴²] 漏斗形，底部靠后处开口中，人或牲畜在前牵引，扶耧人在后晃动耧，使种子滑出，然后用土将种子掩盖好，播种完成。

平车儿 [pʰiɛ²¹tʂʰɐr²⁴]

用于载物或载人的平板车。承载部分为一块平板，车体两侧有高起的车帮，车底中部有一根铁质横轴，横轴两端各安有一个轮子。横轴中间还可以系绳子，由牲畜或人牵引。旧时车身多为木质，现在铁质的较为常见。

5-52 ◆侯村

5-50 ◆侯村

5-51 ◆曹家沟

钩子 [kou²¹tsɿ⁰]

"钩子"是用来挖地的木制农具。钩头由生铁铸造，一般有 3 个齿。

木叉 [mu²¹tsʰɑ²¹]

用来翻挑、聚拢麦秸等较轻的东西。

夹板儿 [tiɑ²¹peɾ⁰]

套在牲口脖子处，用于拉动犁、"立柱"（见图 5-41）的用具。木棍两端各用绳子连接形成口字状，套在牲口脖子处；木棍中间有孔，固定长绳的一端，长绳另一端连接"尾棍儿"[i³³kuəɾ⁵³]连接畜力与农具之间的用具（见图 5-59）或"炮杆子"[pʰɑo⁵³kɑ³³tsɿ⁰]连接"尾棍儿"与农具的木制用具（见图 5-60）、"立柱"等。

5-53 ◆侯村

5-54 ◆曹家沟

5-55 ◆曹家沟

串铃儿 [tʂʰuã⁵³liə̃r⁰]

套在马、驴等牲口脖子上成串的铃铛。将布条卷成圆圈形，外包一层牛皮，牛皮上缝一圈铃铛，为美观，圆圈下边还可以挂一串流苏。

笼头 [leŋ²¹tʰou²⁴]

"笼头"通常由皮条、绳子等做成，套在牲畜头上用来系缰绳、挂"嚼子"。

嚼子 [tɕʰiɛ²²tsʅ⁰]

横放在马、驴等牲畜口中的铁制品。用于驾驭牲畜或防止牲畜伤人等。

头口抽儿 [tʰou²²ku⁰tʂʰour²¹]

用细绳、竹篾或铁丝编织成大孔的碗状，扣在牲畜嘴上，防止其乱吃庄稼。

5-56 ◆侯村

5-57 ◆侯村

5-58 ◆侯村

5-59 ◆侯村

圪绌儿 [kɤ²¹tʂʰur⁰]

套在牲畜脖子上起垫、支作用的用具。棕棕榈叶梢的纤维外包一层牛皮缝成圆圈状，套在牲口脖子处，可固定"尾棍儿"（见图5-59）上的木棍，减少"夹板儿"（见图5-53）、缰绳等对牲畜脖子的摩擦。

尾棍儿 [i³³kuɤr⁵³]

连接牲畜与农具之间的用具。木棍两侧各有一个铁环，用于连接"夹板儿"（见图5-53）上的长绳，中间有一个铁钩，用于连接犁、耙等农具或"炮杆子"（见图5-60）。

驮鞍子 [tʰuɤ²⁴ŋã²¹tsɿ⁰]

放置在牲畜背上驮运东西的木质用具。"驮鞍子"下面一般加棉垫，防止与牲畜皮毛直接摩擦。上面放置木质弓形工具"笼驮"[leŋ²²tʰuɤ⁰]，"笼驮"两头可挂筐子等器具来盛放物品。

5-60 ◆侯村

炮杆子 [pʰao⁵³kã³³tsɿ⁰]

连接在"尾棍儿"（见图5-59）与农具的木制用具。微弯，两侧及中间各有一个铁环，当使用两头牲口劳作时，每个牲口后连接一个"尾棍儿"，这两个"尾棍儿"的铁钩分别再挂在"炮杆子"两端的铁环上，"炮杆子"中间的铁环上再连接犁、耙等农具。

5-61 ◆曹家沟

5-62◆侯村

油碗子 [iou²²uɑ̃³³tsʅ⁰]

旧式马车的铁质车轮部件。旧式马车的车轮为木质，车轴和轮子是一体的，"油碗子"是铁质的，将其半圆处扣在车轴上使车轴转动。

油葫芦儿 [iou²⁴xu²²lour⁰]

装油的容器。一般挂在马车上，内装食用油来给"油碗子"（见图5-62）膏油。

5-63◆大槐树古槐路

5-64 ◆侯村

折刀 [tʂʅ²⁴tɑo⁰]

由生铁铸成。用来砍断砖头、修削砖瓦、填敷泥灰等的一种用具。

灰兜子 [xuei²¹tou²¹tsʅ⁰]

木制或铁制，两边有提手，用来盛搅拌好的水泥白灰等。

吊线锤儿 [tiɑo⁵³ɕiɑ̃²¹tʂʰuər²⁴]

用于检验墙体是否垂直的铁制用具。呈圆锥形，实心，锥底中心处有一根长线，用时将线提起，锥尖朝下。

5-65 ◆侯村

5-66 ◆侯村

水平 [ʂuei²⁴pʰieŋ⁰]

测定水平面的仪器。

木窝 [mu²⁴uɤ²¹]

　　夯土工具。比"杵子"（见图5-69）大，木制圆柱形，一端有四根弓形的手柄供人抬举，主要在建房筑墙、打地基等大面积需要夯土时使用。随着夯土机的出现，"杵子""木窝"已很少使用。

杵子 [tʂʰu²⁴tsɻ⁰]

　　夯土工具。由木柄和杵头组成，杵头为铁制，木柄一端连接杵头，另一端有一段30厘米长的横木，方便两手把持。由于杵头较小，适用于小范围夯土。

5-70◆侯村

5-69◆侯村

5-68◆侯村

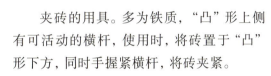

5-71◆侯村

泥叶 [n̠i²⁴iɛ²¹]

用来把灰、泥抹平整的工具。

夹子 [tiɑ²⁴tsɿ⁰]

夹砖的用具。多为铁质，"凸"形上侧
有可活动的横杆，使用时，将砖置于"凸"
形下方，同时手握紧横杆，将砖夹紧。

洗得═石 [ɕi²⁴tei²¹ʂɿ²⁴]

石匠对石头进行錾凿加工。

5-72◆侯村

5-73 ◆苑川

墨斗儿 [mu²¹tour⁰]

木工用来打直线的用具。

5-74 ◆侯村

方尺 [fã²¹tʂʰʅ⁰]

用来校验刨削后的板材以及结构之间是否垂直、边棱是否成直角的木制工具。

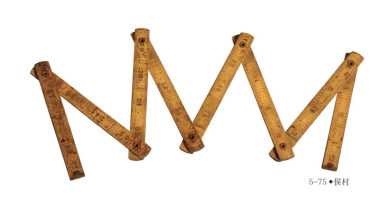

5-75 ◆侯村

折叠尺 [tʂɤ²¹tʰiɛ²⁴tʂʰʅ²¹]

可以折叠的木尺。总长 1 米，分成 8 折，两面都有刻度。

5-78 ◆侯村

斧儿 [fur³³]

用于砍、劈木料的工具。俗语"木匠离不了斧儿，工匠离不了锤"，说明斧子是木匠工作的重要工具。

麻花儿钻 [mɑ²²xuɐɹ⁰tsuã²⁴]

依靠旋转来钻出槽孔的工具。因铁头处螺旋槽形似麻花而得名。由"铁头"[tʰiɛ⁴⁴tʰou⁰]、"把子"[pɑ⁵³tsɹ⁰]等构成，铁头由生铁铸造，呈螺旋状，木制手把，用时双手持把来回转动以钻出槽孔。

5-76◆侯村

推把儿 [tʰuei²¹pɐɹ⁰]

木匠工具，可将木料上粗糙部分推平整。

5-77◆侯村

木匠床儿 [mu⁴⁴tɕʰio⁰ʂuɤɹ²⁴]

木匠用来放置木料、工具的木制长凳子。一头高，一头低，比一般的凳子长，凳面呈狭长形，凳腿为八字腿。

5-79◆侯村

洪洞　伍·农工百艺

151

拉锯儿 [la²¹tɕyər⁴²]

锯开木料的工具。

锛子 [peŋ²¹tsʅ⁰]

劈木料时使用的工具。锛头前端为铁刃。

手锯儿 [ʂou²⁴tɕyər⁰]

木匠用来锯出较细或较小凹槽的铁质工具。

中国语言文化典藏

凿子 [tsʰɤ²²tsʅ⁰]

用来挖槽、打孔的铁质长条形工具，使用时，有刃的一端对准木料，用重物砸击另一端。

5-83◆侯村

5-84◆曹家沟

钻子 [tsuã⁵³tsʅ⁰]

钻孔工具，钻孔时，将木棍上的绳子在带钻头的木棍上绕一圈，然后，钻头对准需要钻孔的位置，一手按住钻头上方的木柄用力向下压，一手来回拉动棍子，即可钻出孔。

玻璃刀儿 [po²¹liɛ⁰taor²¹]

切割玻璃的工具。切割部位通常由比玻璃硬度大的金刚石或合金材料制成。

5-85◆侯村

扳手儿 [pã²¹ʂour⁰]

利用杠杆原理拧转螺栓、螺钉、螺母等的工具。有"开口儿扳手儿" [kʰai²¹kʰour⁴²pã²¹ʂour⁰]两端为开口状，且不可调节和"活动扳手儿" [xuɤ²²tueŋ⁰pã²¹ʂour⁰]可调节开口大小两种。

5-86◆侯村

洪洞 伍·农工百艺

153

5-87 ◆侯村

5-88 ◆东沟

梳头匣儿 [sou²¹tʰou⁰xɚ²⁴]

盛放首饰或梳妆用品的木制漆盒。女子出嫁时，作为嫁妆从娘家携带到婆家。

壁画 [pi²⁴xua⁰]

画师在墙壁上绘出的图画。多见于寺庙中，主要题材有游仙、忠孝仁义等。图中的壁画位于赵城镇东沟村玉皇庙正殿内，内容为文昌帝君巡行。壁画内容反映了当地人对道教文化的信仰。

砖雕 [tʂuã²¹tiɑo²¹]

在砖上雕刻的人物、花卉、故事等图案。图中的砖雕是位于赵城镇东沟村清乾隆时期影壁上的一部分，其题材为八仙，人物栩栩如生，极具艺术价值和审美价值，遗憾的是，八仙的头像只剩吕洞宾、张果老两个（图5-90中的为吕洞宾头像），其余六个均被盗走。

5-89 ◆东沟

中国语言文化典藏

5-91 ◆侯村

5-92 ◆侯村

鎞布儿 [pʰi⁴⁴puɹ⁰]

磨刀布。材质较硬，磨剃刀时，在布上滴水或油，将剃刀正反来回摩擦，使刀刃变锋利。

烙铁 [liɛ²⁴tʰiɛ²¹]

旧时熨烫衣物的用具。用时先将烙铁在火中烧热，之后利用热量使衣物平整、笔挺，因熨斗温度高，需不时地往衣物上喷水，防止熨糊衣物。现在这种烙铁已很少见，取而代之的是新型的电熨斗和蒸汽熨烫机。

刺绣 [tsʰʅ²¹ɕiou²⁴]

用针线在织物上绣制的各种装饰图案。洪洞代表性的刺绣当属"毛姥姥手工刺绣"，其刺绣技术精湛，2005 年入选洪洞县第五批非物质文化遗产名录。

5-90 ◆大槐树古槐路

5-93 ◆曹家沟

尺 [tʂʰʅ²¹]

旧时裁缝测量长度的木制工具。长为一尺，宽约一厘米。"尺"一侧有刻度，将其分为十等份，每份表示一寸。这种尺子现已少见，取而代之的是皮尺。

5-94 ◆侯村

针子儿 [tʂeŋ²¹tsʅər⁰]

顶针。由铁或铜围成圆环形，表面有针眼大的小洞。做针线活时，戴在手指上，针底顶在小洞里。

衣裳铺儿 [ɲi²¹ʂo⁰pʰur⁵³]

专门裁剪、缝制、修改衣服的铺子。

5-95 ◆大槐树古槐路

5-96 ◆侯村

纳鞋底儿 [na²¹xɑi²²tiər⁰]

用线、"环锥儿" [xuɑ̃²²tʂuər⁰]（见图 5-98）手工缝制鞋底。

钉鞋的征⁼子 [tiɛ²⁴xɑi²²ti⁰tʂeŋ²¹tsɿ⁰]

铁制修鞋用具。修鞋底时，修鞋人将鞋套在上方的"铁面" [tʰiɛ²¹miɑ̃⁰] 上进行操作，脚踩底座固定撑子，使其在钉鞋过程中不易晃动。

5-98 ◆侯村

环锥儿 [xuɑ̃²²tʂuər⁰]

也叫"钉锥儿" [tiɛ²¹tʂuər⁰]，用"环锥儿"的粗针在鞋底上扎出孔后，将穿着麻绳的针穿过去，一针一线纳制。

5-97 ◆侯村

楦头 [ɕyɑ̃⁵³tʰou⁰]

将木头削成鞋形，填入新鞋中起撑鞋的作用。

5-99 ◆侯村

溜跟子 [liou²⁴keŋ²¹tsʅ⁰]

鞋拔子。由铜、牛骨、玉等按人脚后跟形状制成。穿较紧的鞋时，将其放在鞋后跟里往上提，使鞋容易穿上。

鞋样子 [xɑi²²io⁴⁴tsʅ⁰]

用硬纸剪成的鞋的图样。

磨剪子 [mo²⁴tɕiɑ̃³³tsʅ⁰]

用磨刀石将剪刀的刀刃磨锋利。

中国语言文化典藏

158

弹花车儿 [tʰã²¹xuɑ²⁴tʂʰɐr²¹]

使棉花变松软的工具。旧时多用这种木质工具，现在使用机器。

弹棉花 [tʰã²⁴miã²¹xuɑ²⁴]

用人工或机器将棉花弹蓬松。

洪洞

伍·农工百艺

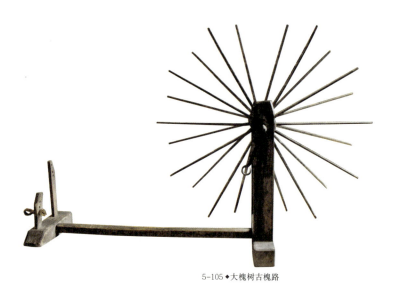

5-105◆大槐树古槐路

纺线车儿 [fɤ²⁴ɕiã⁰tʂʰer²¹]

　　纺线工具。将一个大转轮和一个小轮固定在木架上，两者以绳索或皮带相连。转轮直径是圆锭直径的数十倍。小轮轮轴中插入锭子。使用时，纺线人右手摇动大转轮中心的手柄，大转轮开始转动，小轮随之转动；左手捻着棉条，胳膊上扬，线便连绵不断地延长，缠在锭子上，锭子上的线团逐渐变大，等到不能再缠绕了，就卸下来，换上新的锭子，继续纺线。

线架儿 [ɕiã²⁴tier²²]

　　缠线工具。铁质，下方部件为支架，上方横着的细铁棍一头固定，一头可活动。将纺好的线从锭子上整体抽出，顺着线中间的小孔将线插在细铁棍上，抽出线头，将线缠成线团。

5-106◆大槐树古槐路

织木棉的机子 [tʂʅ²¹mu²⁴n̩iã⁰ti⁰tɕi²¹tsʅ⁰]

老式木制织布机。由"机架子" [tɕi²¹tia⁵³tsʅ⁰]、"筬" [ʂɤ²⁴]（见图 5-109）、"布筬" [pu²¹ʂɤ²⁴]（见图 5-110）、"梭子" [tsʰuɤ²¹tsʅ⁰]（见图 5-111）、"吊巾子" [tiao²⁴tɕien²¹tsʅ⁰]、"筬板" [ʂɤ²⁴pã⁴²]、"盘带" [pʰã²²tai⁰]、"卷杼儿" [tɕyã⁴²tʂʰuɤ³³]、"脚蹬子" [tɕiɛ²¹teŋ²¹tsʅ⁰] 等部分组成。以前所用布匹都是自织，所以织布机在日常生活中占有十分重要的地位。关于织布机有一个谜语："脚踩哩，手扳哩，吱儿呕儿地下山哩"，形象地描述出了织布时的场景。

5-108◆侯村

幅长 [fu²⁴tʂʰo²²]

使用老式织布机织布时，用来固定布宽。由两根两端为细齿状的铁条连接而成，一根铁条上有孔，可根据布的宽度来调节其长度。

5-109◆大槐树古槐路

筬 [ʂɤ²⁴]

老式织布机构件。长方形，一根根极细的竹篾固定在两条细竹竿上，用来控制经线和压紧纬线。

布筬 [pu²¹ʂɤ²⁴]

老式织布机上的木质构件。按花色将织布所用的线配好，然后将其缠在中间的横木处。

5-110◆大槐树古槐路

梭子 [tsʰuɤ²¹tsʅ⁰]

木制，船形，两头尖，中空，底部有一个小孔。先将棉线缠在细铁棍或细木棍上，插入梭子内部，线头通过底部的小孔拉出，为织布机提供纬线。

腰襻 [iɑo²¹pʰɑ̃⁰]

系在织布人腰上固定人体与织布机的距离。

木棉 [mu²⁴n̠iɑ̃⁰]

用老式织布机织出来的粗布。

洪洞

伍·农工百艺

5-114◆侯村

拐子 [kuɑi²⁴tsɿ⁰]

木制绕线用具。上下两根横木呈垂直状钉在木棍上，将线通过上下两根横木绕成圈状，最后从横木上脱下来，中间用线扎紧，线不易打结。

结杆子 [tiɛ²¹kɑ̃³³tsɿ⁰]

织布时为调配颜色将多股不同颜色的线合在一起的木制工具。长约两米，杆上吊有 20 个铁环，环上挂盛放小线团的容器，将不同颜色的小线团放入，取出各条线头，将多股线合在一起。或将各色线团放入一个容器内，将线头穿过铁环，多股线合并成彩色线团。

5-116◆侯村

拨条子 [po²¹tʰiɑo²²tsɹ⁰]

　　合线专用工具。长约 10 厘米的两端粗中间细的木棒，木棒中间钉有一个圆形铁钩，通过转动将线拧成绳。

剪纸 [tɕiɑ̃³³tsɹ⁴²]

　　用红纸剪出的花鸟虫鱼等吉祥图案。当地人常在逢年过节、办喜事时贴在墙上、玻璃上，以示喜庆。

洪洞 伍·农工百艺

5-118◆

小卖铺儿 [ɕiao³³mai⁴⁴pʰur⁵³]

又叫"杂货铺儿" [tsʰa²²xuɤ⁰pʰur⁵³]，出售各种商品的小店。

幌子 [xuã³³tsɿ⁰]

挂在店门口用来招揽生意的标识。

5-120◆大槐树古槐路

5-119 ◆侯村

野摊子 [iɑ²⁴tʰã²¹tsɿ⁰]

在街边或市场上陈列货物售卖，多见于集会时，主要售卖日用品、农具等，具有流动性。

秤 [tʂʰɤ²⁴]

"秤"由秤杆、秤钩、秤盘、秤锤、提绳等组成，秤杆上有刻度。图5-121的秤杆的一头挂有铁钩，用来挂所称物品，多是重物，这种秤叫"钩秤"[kou²¹tʂʰɤ²⁴]；图5-122在杆的一头系有一个盘子，把要称的东西放在盘子里的秤叫"盘秤"[pʰã²¹tʂʰɤ²⁴]，用于称较轻的物品。称的时候一手提绳，一手拨秤锤。

5-121 ◆侯村

5-122 ◆曹家沟

5-123 ◆曹家沟

十六两秤 [ʂʅ²⁴ly⁰lio⁰tʂʰɤ²⁴]

杆秤的一种。沿袭古代一斤为十六两的标准制作的秤。

斗 [tou⁴²]

主要用来称量粮食的容器。无盖，斗口处有横梁作为提手，上宽下窄，一斗等于十升。

升子 [sɤ²¹tsʅ⁰]

用来称量粮食的容器。由木板用榫卯或锔钉连接而成。无提手，十升为一斗。

5-124 ◆侯村

5-125 ◆侯村

5-126 ◆侯村

5-127 ◆大槐树古槐路

油圪朵 [iou²²kɤ⁰tuɤ⁴²]

用来舀取香油等油类的铜制用具。下方为扁圆形中空铜制容器，容器上留有小口，容器上方镶有长手柄。将芝麻炒熟后磨成芝麻酱，再将芝麻酱倒入器具中沉淀，析出香油后要用"油圪朵"将香油舀出。

酒提儿 [tɕiou²⁴tʰiər⁰]

用来称量酒的铁制、竹制、塑料用具。有一两、二两、半斤、一斤容量之分。旧式多为铁制、竹制，新式的多由塑料制成。

5-128 ◆大槐树古槐路

油撇子 [iou²⁴pʰiɛ²¹tsʅ⁰]

下方为中间有折痕，圆形铁片，上方镶有长约40厘米的手柄。用"油圪朵"将油舀起，然后倒在"油撇子"的折痕处，折痕一端对准瓶口，可将油顺利灌入小口容器中。

算盘子 [suã⁵³pʰã²²tsʅ⁰]

计算数目的用具。过去算盘的长方形外框及横梁多为木质，现在多为铝质或不锈钢。

5-129 ◆侯村

洪洞

伍·农工百艺

169

陆·日常活动

　　洪洞人农忙时下地干活，农闲时会聚在大门口、树底下，男人们喝着茶或下着棋，谈谈大事小情，妇女们手拿针线活或摇着蒲扇，聊聊家长里短；小孩子们则在家附近的地方玩着各种游戏，捉迷藏、丢手绢、拔河、过家家、翻花绳……到处是一派平安祥和的生活场景。

　　洪洞境内有很多的庙宇，其中广胜寺是佛教文化的代表，乾元山元阳观是道教文化的标志，当地人"见庙磕头、遇神烧香"，将祈求平安、求吉避凶的美好愿望寄托在了对神的敬畏之中。但佛教、道教文化的信仰是有地域性的，通常以庙宇坐落的地方为中心，辐射周围村镇。一般人们只选择其一，信佛不信道，或信道不信佛。道教在当地影响范围较广，保留了许多关于道教的建筑，还流传有主要讲述道教故事的曲

艺"洪洞道情"。

　　洪洞人对宗教信仰是有选择性的，然而对生育的信仰，则是突破了地域性，具有兼容性。女娲，又称娲皇、女娲娘娘，史记女娲氏是华夏民族人文先始，是福佑社稷之正神，是中国上古神话中的创世女神。先秦及秦汉以来文献、史料和典籍中都有关于女娲的记载，其抟土造人的神话传说在当地影响广泛而深远。在洪洞县赵城镇侯村，有一座女娲陵，当地人称"娘娘庙"[n̠io²²n̠io⁰mioo⁵³]。相传三月初十是女娲的诞辰，每年的这天，全县及周边县市的很多人都要前来朝拜女娲，祈求女娲赐予子嗣，因此形成了有组织、规模宏大的民俗文化活动，可见女娲在洪洞人生育信仰中至关重要的地位和作用，也从侧面反映出人们对生育信仰的虔诚追求。

6-1◆信

按辈儿的坐下 [ŋã²¹pər⁵³tɤ⁰tsʰuɤ⁴⁴xɑ⁰]

　　当地人吃饭时讲究要"按辈分"入座，即讲究座次。一般北为上，正北的位置即"上座儿" [ʂã²¹tsuɤr⁵³]，长辈或年长者坐，东边次之，西边再次之，南为下，正南的位置即"末座儿" [mo²¹tsuɤr⁵³]，小辈或年纪轻的人坐。吃饭时，长辈先动筷，其余者方可动。

6-2◆侯村

茶具 [tsʰɑ²¹tɕy²⁴]

　　喝茶的用具。主要包括茶壶、茶杯。

6-3 ◆侯村

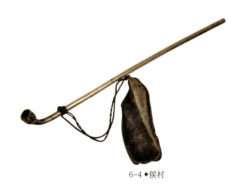

6-4 ◆侯村

锅儿 [kuɤr²¹]

抽水烟的烟具。多为铜制，内装水，烟通过水的过滤而吸出，吸的时候发出"咕噜咕噜"的声音。

旱烟锅儿 [xɑ⁴⁴iɑ̃⁰kuɤr²¹]

抽旱烟的烟具。旱烟锅儿由"烟嘴儿"[iɑ̃²¹tɕyər⁰]、"烟脑儿"[iɑ̃²¹nɑor⁰]、"烟锅儿杆子"[iɑ̃²¹kuɤr⁰kɑ̃²⁴tsʅ⁰]、"烟包儿"[iɑ̃²¹pɑor⁰]四部分构成。"烟嘴儿"一般由铜或玉石做成；"烟脑儿"即用来压填烟叶的地方，一般是铜制的；"烟锅儿杆子"即烟杆，烟杆上吊一个"烟包儿"，里面放着备用的烟叶。

梳驼驼儿 [sou²¹tʰuɤ²²tʰuɤr⁰]

将头发盘成椭圆形，插"钗儿"[tsʰer²¹]旧式发饰（见图3-30）固定。"驼驼儿"[tʰuɤ²²tʰuɤr⁰]为旧时发型，通常梳于脑后中下部。

梳辫子 [sou²¹pʰiɑ̃⁴⁴tsʅ⁰]

梳麻花辫。当地人称麻花辫为"辫子"[pʰiɑ̃⁴⁴tsʅ⁰]，由三股或五股编成。

6-5 ◆侯村

6-6 ◆侯村

木儿底下 [por⁵³ti³³xa⁰]

树荫下，聊天场所。夏天吃饭时或饭后，人们多聚在树荫下聊天。

攀打哩 [pʰai²¹ta²⁴li⁰]

一群人围在一起聊天儿。

6-7 ◆侯村

中国语言文化典藏

逢集儿 [feŋ²⁴tɕʰiər²²]

    洪洞各村镇一般会选择一个特定的日期在大街上买卖货物，如侯村逢每月二、五、八，别的村逢三、六、九或其他日期。在集市上售卖东西叫"赶集儿" [kã²¹tɕʰiər²⁴]，去买东西或者闲逛叫"踅集儿" [ɕyɛ²⁴tɕʰiər²²]。

赶会 [kã²¹xuei⁴⁴]

    "会"比"集"的规模要大很多，且不像"集"频繁，每年只有一次或两次。售卖东西的叫"赶会"，去买东西或者闲逛叫"踅会" [ɕyɛ²⁴xuei⁴⁴]。"会"主要分三种：一种是庙会，由寺庙中自发举行的活动，如：龙王庙农历二月二庙会，侯村农历三月初十女娲庙庙会；第二种是根据时节、方便买卖而形成的集会，如侯村农历四月初八的会，主要售卖农具等；还有一种是村镇中为显示实力、丰富村民生活而择日期进行的会，一般集中在夏季或过年时举行。

下方 [xɑ²¹fã²¹]

一种近乎围棋的游戏。棋子就地取材，如土块、树枝等。只要两人所持的棋子不同即可。在地上画方格为棋盘，通常为"七股方"[tɕʰi²¹ku⁴²fã²¹]七股线乘以七股线的方格或"五股方"[u⁴²ku⁴²fã²¹]五股线乘以五股线的方格，分别有 49 或 25 个棋子，先出棋子者持 25 或 13 个棋子，后出者持 24 或 12 个棋子，双方轮流出子，互相截堵。若棋子围成"方形"[fã²¹ɕieŋ²⁴]四个棋子围成正方形，将对方的棋子困在中间，则可吃掉被困的棋子；若成"千形"[tɕʰiã²¹ɕieŋ²⁴]六个棋子呈相连的一串，则吃掉对方任意两个棋子，先无棋子者输。

6-14 ◆侯村

掷色儿 [tʂʅ²¹sɛr⁰]

准备一个小碗、若干色子，游戏双方轮流将色子掷入碗中，色子点数相加多者为胜，男性多玩此游戏。

狼吃羊儿 [lo²⁴tʂʰʐ̩²¹ior⁰]

儿童和大人均喜爱的一种游戏。因对弈双方代表狼与羊而得名。在地上画"五股方"的棋盘，用石子、土块或树枝等代表狼或羊，通常为三只狼与十五只羊。规则：狼要吃羊必须中间隔一格，若羊围住狼，即羊方胜利；若狼将全部羊吃掉，即狼方胜利。

撑屁眼儿圆 [tsʰeŋ²¹pʰi⁴⁴n̩ier³³yã²⁴]

两人对弈的一种游戏。每人两个棋子，棋盘为"区"字形，"区"右侧空白处画一个圆圈，代表茅坑。对弈双方的棋子只能在"区"字线上走，被围困后棋子跳入茅坑，棋子全部跳入茅坑的一方即输。

□三毛儿 [tyɛ²¹sã²¹maor⁰]

用力"摔"的动作叫"□"[tyɛ²¹]，游戏双方将一面磨光的三个铜钱平放在手掌上，磨光的一面朝下，人站立，将手中铜钱朝外摔向桌面或其他平坦处。若有两个或三个铜钱翻面即为赢，男性多玩此游戏。

6-16 ◆侯村

6-18 ◆侯村

打扑克儿 [ta³³pʰu²¹kɤr⁰]

一种娱乐活动。当地扑克主要的打法有："打令" [ta²¹lieŋ⁵³]四副扑克放一起，取掉三四五六七、"斗地主儿" [tou²¹ti²⁴tʂur⁰]用整副扑克进行游戏，其中一方为地主，其余两家为另一方，双方对战，先出完牌的一方获胜、"坐皇上哩" [tsʰuɤ⁵³xuã²²ʂã⁰li⁰]比大小、"升级" [ʂeŋ²¹tɕi⁰]用两副扑克牌进行游戏，先升到 A 的一方为赢家。

摸纸牌 [ma²¹tsʅ³³pʰai⁴²]

纸牌是一种长方形的娱乐工具，共 120 张，与麻将相同，分万、饼、条三门，一般由 4 或 6 人玩，每人 13 张牌，有 3 个或 4 个 "和" [xu²⁴]三张数字且花色相连的牌或三张数字且花色相同的牌为一个 "和" 即可赢。

续狗娃儿 [ɕy²¹kou³³uɐr⁰]

即老鹰捉小鸡。一名儿童后接着另一名儿童叫 "续"，"狗娃儿" 代表小鸡。一人扮演老鹰，一人扮演母鸡，其他人扮演小鸡。母鸡身后的小鸡们依次拉住前面人的后衣襟，母鸡张开双手保护小鸡不被老鹰抓走。被抓住的小鸡改扮演老鹰，原来的老鹰扮成小鸡，继续游戏。

耍麻将 [ʂua⁴²ma²²tɕiã²⁴]

打麻将。麻将分万、饼、条三门,每门一至九各4张,另有中、发、白、东、南、西、北各4张,共136张。参与者为四方,发牌方为"庄家" [tʂuɤ²¹tia⁰],有14张牌,其余三方各有13张牌,可碰、可吃。常见的和法有"推倒和" [tʰuei²¹tao⁴²xu²⁴]别人打出牌后和牌、"清一色" [tɕʰien²¹i²⁴se²¹]只有一门花色等。

撂手巾儿 [liao⁴⁴ʂou³³tɕiɤr⁰]

丢手绢。多名儿童参加,围坐一圈,由一人开始报数,逢七或者七的倍数就说"过" [kuɤ²⁴],若报错或未及时报数者,则要拿上手绢在圈外跑动,然后将手绢偷偷丢在某人背后,被丢手绢的人若发现,要随即起身追丢手绢的人;若丢手绢的人跑完一圈后,被丢者仍没有发现,被丢者要去圈内表演节目。

藏暗暗 [tsʰuɣ²¹ŋã⁴⁴ŋã⁰]

捉迷藏。几个儿童藏，一个儿童找。负责找的儿童先用手捂住眼睛，其他人开始藏。等过了约定时间后，负责找的儿童问："好了吗？"藏的答："好了。"负责找的儿童便开始寻找。若藏着的儿童被找着，就赶紧跑，尽快去摸指定的墙体，若摸到，负责追的儿童便停止；如果被抓到，则被抓住的儿童成为下轮的寻找者，继续游戏。

扭勾指 [n̠iou²⁴kou²¹tsʅ⁰]

游戏双方的男童或男性隔桌面相对而坐，分别伸出左手或右手，手肘抵桌面成一直线，双方伸出中指相互勾住。裁判下令后开始发力，先将对方的手扳倒者获胜。

放胳臂 [fã⁴⁴kɣ²¹pei²⁴]

掰手腕儿，男童或男性之间比拼腕力的游戏。游戏双方隔桌面相对而坐，分别伸出左手或右手，两人手肘抵桌面，两手掌相对成反握式，两臂交叉。裁判下令后开始发力，先将对方的手扳倒的一方获胜。

6-22 ◆侯村

6-23 ◆侯村

顶牛儿 [tieŋ³³n.iour⁰]

儿童双手抓住自己的一只脚腕，膝盖朝外，另一只脚独立，跳着与对方相撞，若将对方撞倒或使对方双脚着地，则赢。

拔河 [pʰɑ²⁴xuɤ²²]

双方各执绳一端，绳子中间做一标记，裁判下令后，双方开始发力，直至将标记拉向自己方超过地下标记处时即可获胜。

洪洞 陆·日常活动

6-26 ◆侯村

6-27 ◆侯村

操交交 [tsʰao²¹tiao²¹tiao⁰]

多为女童之间或者大人与儿童一起玩的游戏。用一条较长的粗棉线或者绳子结成套，一人用手指翻出一种花样，另一人翻成另一种花样，相互交替，绳子散了或一方不能再翻下去为输。

摔跤 [ʂuai²¹tiao⁰]

裁判下令后，游戏双方徒手相搏，先将对方摔倒即为赢。

拾枚 [ʂɿ²⁴mei²²]

多为女童之间的游戏。流行于 20 世纪 70 年代。起初，"枚" [mei²⁴] 是小圆石子，后来逐步发展为杏核、桃核等。参与者通常为 2 到 4 人。玩时，一人先将石子散开，遂将石子抛起，迅速抓起地面石子的同时，再马上接住抛起的石子，有时抓单数，有时抓双数，拾多者为胜。整个过程唱："陪⁼把⁼娃，要耍瓦，二粒儿来，一粒儿来，对儿起来，三见三，抓见三，够六蛋，老娘娘，坐炕头，坐得稳着，抓得紧着，不让掉下来砍着。"

6-28 ◆侯村

泼皂皂 [pʰo²¹tsʰɑo⁴⁴tsʰɑo⁰]

"皂皂" [tsʰɑo⁴⁴tsʰɑo⁰] 是皂角树的种子，如黄豆大小；"泼" [pʰo²¹] 指松开手，使手掌中所握之物掉落的动作。多为女童之间的游戏。玩时，几个人手里握着"皂皂"，然后喊"一二三"伸出手，谁的"皂皂"多，谁就先"泼"，"皂皂"掉落在地，在距离适中的两个"皂皂"间用小拇指头划一道线，接着圈起大拇指与食指用力弹"皂皂"，当一个打中另一个时就收对方一个"皂皂"，直到将对方的"皂皂"全部收完为赢，若未打中，则由对方开始，依次循环。

耍蛋儿 [ʂuɑ³³tʰɚ⁵³]

弹玻璃球。弹的时候大拇指和食指圈起，瞄准目标后用食指弹。用树枝或棍棒在地上画一条线，在离线一米开外的地方挖三个呈三角形状的小洞，一人拿着玻璃球在线处开始往离自己最近的小洞中弹球，若一次性弹进去则可赢对方一个玻璃球，接着往第二个小洞中弹，再往第三个洞中弹，全部弹入算赢。如果未一次弹入，则换对方弹，如对方也未弹入，则从上次弹到的位置继续向目标洞中弹，如此循环，先弹入第三个洞的一方算赢。

6-31◆侯村

拍洋片儿 [pʰɑi²¹iɑ̃²⁴pʰiɐr⁵³]

　　"洋片儿" [iɑ̃²⁴pʰiɐr⁵³] 是一种硬纸卡片，上面印着《水浒传》《三国演义》《西游记》等故事中的人物，通常为56张。几个儿童聚在一起，一方将"洋片儿"置于平处，另一方用微弓的手掌覆盖洋片儿开始拍，如被拍翻身就收走对方的"洋片儿"，若未拍翻身，则改由对方拍，依次循环。

猜跟赤 [tsʰɑi²¹keŋ²¹tʂʰʐ̩⁵³]

　　即石头剪刀布。两名或多名儿童围成圈状或半圈状，双手背在身后，嘴里念"猜跟赤"最后一个音时伸出一只手，手形有石头、剪刀、布三种。游戏规则：布赢石头、剪刀赢布、石头赢剪刀，若手形相同则为平局。通常以三局两胜或五局三胜决定最后胜负。

6-32◆侯村

打毛猴儿 [ta⁴²mɑo²²xour⁰]

打陀螺，多为男童或男性常玩的游戏。手拿小鞭子抽打陀螺，使陀螺旋转起来。

6-33 ◆ 侯村

拍得ᵗ石 [pʰiɛ²¹tei²¹ʂʅ²⁴]

打水漂儿。手拿瓦片，将瓦片呈水平方向用力抛向水面，瓦片在水面滑行最远者即为赢。

6-34 ◆ 苑川

打瓦 [ta³³ua⁴²]

地上先画一条线，在线两米开外处立一块瓦或砖头，男童或男性双方手持瓦或砖头站在线处，"猜跟赤"（见图6-32）后赢的一方先开始，将手中的瓦或砖头扔向立着的瓦或砖头处，若将瓦或砖头打倒即为赢。

跳绳 [tʰiao²¹ʂeŋ²⁴]

"跳绳"可单人跳、双人跳以及多人跳。跳法有"带人跳" [tai²²ʐeŋ⁰tiao²⁴] 两人面对面跳、"前跳" [tɕʰiã²¹tʰiao²⁴] 绳子向前绕着跳、"后跳" [xou²¹tʰiao²⁴] 绳子向后绕着跳、"大队人跳" [ta⁵³tuei²⁴ʐeŋ²¹tʰiao²⁴] 两人摇绳、多人一起跳等，以绳绊住腿脚为止。

跳皮筋儿 [tʰiɑo²¹pʰi²⁴tɕiɚr²¹]

参与者一般为三人或三人以上的女童，两人负责将皮筋牵直固定，一个人开始跳。跳法多样，可"挑""勾""踩""跨"等。皮筋的位置依次为脚踝、腿肚、膝盖、腰、胸、肩头等，分别代表一级、二级、三级、四级、五级、六级，皮筋的位置越高，跳的难度越大。

跳马 [tʰiɑo²²mɑ⁴²]

男童喜爱的游戏。一人弯腰半蹲在地上，双手撑地，其余人依次从其身上跳过，跳时双手撑住蹲地者的背部，两腿劈叉而过。若跳不过，则也弯腰半蹲。弯腰者双手由撑地到撑膝再到撑大腿，手的位置越高，难度越大。

踢瓦儿 [tʰi²¹uɐr³³]

跳房子，多为女童之间的游戏。地上画多个格子，先将瓦片扔到第一个格子内，单脚跳入，将瓦片踢入第二个格子内，以此类推，直到将所有的格子都跳完算一轮结束，若在踢的过程中，瓦片压线或没踢进规定的格子即算输，则换另一人踢。

踢毽子 [tʰi²¹tɕiã⁵³tsʅ⁰]

女童或女性之间常玩的游戏。玩时，一手持毽子，待裁判下令后，将毽子抛起，毽子下落时，一脚站立，用另一脚将毽子踢起，边踢边数数，毽子落地后，踢的个数多的一方为赢。

撂沙包儿 [liao⁴⁴saʔ²¹pɑor⁰]

所有参与的儿童分列两排分属双方，中间隔数米，其中一方中的一人向对方扔沙包，对方被砸中者需加入另一方，若未砸中，则换对方扔，对方无人时算输。

炒豆豆儿 [tsʰao³³tʰou⁴⁴tʰour⁰]

这种游戏女童玩得比较多，两人相对站立，手拉手，左右摇晃，同时念道："炒，炒，炒豆豆，炒完豆豆吃豆豆，吃完豆豆洗盘子，洗完盘子翻跟头"，念完后立即高举双手，同时转体 360 度，转体时头要向里钻过举起的手。

洪洞

陆·日常活动

□响窝窝 [tɣɛ²¹ɕiã³³uɣ²¹uɣ⁰]

　　游戏双方准备等份的泥，然后各自将泥捏成碗状，即"窝窝"，用力"摔"的动作叫"□"[tɣɛ²¹]。将"窝窝"使劲摔在石头或地上，便会发出响声，打出一个窟窿，然后互相给对方的"窝窝"补窟窿，谁的泥先没了则算输。

6-43◆侯村

跳莲花 [tʰiɑo⁴⁴liã²¹xuɑ²⁴]

　　两个儿童坐在地上，脚心对脚心，指背对指背，一只脚摞在另一只脚上，握拳且竖起拇指的一只手再摞在脚上，形成三层障碍物，其余儿童从障碍物一侧跨过另一侧。跳时不能碰到障碍物，碰着则算输。

6-44◆侯村

中国语言文化典藏

打秋千 [ta²⁴tɕʰiou²¹tɕʰiã⁰]

荡秋千。

压花儿线 [ɲia²⁴xuɐr²¹ɕiã²⁴]

玩跷跷板，多为女童或女性之间的游戏。游戏双方分别坐在跷跷板两端，利用杠杆原理用力，双方一起一落。

洪洞 ｜ 陆·日常活动

6-47 ◆侯村   6-48 ◆侯村

弹弓 [tʰã²⁴kueŋ²¹]

男孩喜爱的玩具。在树杈或"Y"形铁丝两端系上皮筋，皮筋中部是一个包裹弹丸的皮块。玩时，将弹丸放在皮块处，拉紧皮筋，皮筋拉力越大，弹出的弹丸杀伤力越大或距离越远。

转不溜儿 [tʂuã⁴⁴pu²¹liour⁰]

将瓦片磨平磨圆，中间打两个眼儿，穿上绳子做成的玩具，玩时手握绳子两端，将绳子抻直后瓦片高速旋转发出响声。

板胡儿 [pã³³xur⁰]

传统拉弦乐器。由琴身、琴弦和琴弓等组成，琴筒为中空碗状，有两根琴弦。

渔鼓简板 [y²⁴ku⁰tɕiã³³pã⁰]

"渔鼓"用竹筒制作，一端蒙猪皮或羊皮做鼓面，用手敲击鼓面发出声音，"简板" [tɕiã³³pã⁰] 是将两根长约65—100厘米的竹板一端捆绑相连而成的乐器，"渔鼓"和"简板"配合使用，是洪洞道情打击乐中必不可少的两件乐器。

6-52 ◆侯村

6-51 ◆侯村

6-49◆侯村

不铃鼓 [pɤ²¹lieŋ⁰ku⁴²]

拨浪鼓。旧时在猪、羊的大腿骨上打两个孔，孔中穿线，线上可系扣子、螺帽或其他物件作铃铛，摇动时，铃铛撞击骨头发出"不铃、不铃"的声音。现在这种材质的拨浪鼓已无，多为塑料拨浪鼓。

6-50◆侯村

木剑 [mu²¹tɕiã²⁴]

木质或竹质的宝剑。多为男童玩具。

云锣儿 [yeŋ²⁴luɤr²²]

由多个大小相同、厚度不同的小铜锣以音高次序由 3 根细绳固定在木架的方框中。用小木槌敲击锣面发出声音。当地主要使用由四个小锣组成的"云锣儿"。

6-53◆侯村

6-54 ◆侯村

钹儿 [pʰor²⁴]

铜质圆形的两个铜片，中心鼓起成半球形，正中有孔，可以穿绸条等用以持握，两片相击发出清脆的声音。

6-56 ◆侯村

四胡儿 [sʅ⁴⁴xur²⁴]

"四胡儿"有四根琴弦，琴筒为圆柱体或正六棱柱体。

锣儿 [luɤr²⁴]

铜质圆盘形，中心处稍鼓，槌子敲击振
动发声。

6-55◆侯村

腰鼓儿 [iɑo²¹kur⁰]

腰鼓形似圆筒，两端略细，中间稍粗，两面蒙皮做鼓面；鼓上有环，系绸带悬挂在腰间，
演奏时双手各执鼓槌击打鼓面，并伴有舞蹈动作。正月十五闹红火的时候有大型腰鼓表演，
人们敲着腰鼓变换队形，或是边前进边敲，或是在场地内边舞边敲。

6-57◆府东街

6-58 ◆

女娲娘娘 [n̪y³³uɑ⁰n̪io²¹n̪io²⁴]

女娲神像。

子孙娘娘 [tsʅ³³sueŋ⁰n̪io²¹n̪io²⁴]

送子观音，传说掌管生育的神。

6-59 ◆羊獬

6-60◆羊獬

姑姑像 [ku²¹ku⁰ɕiã²⁴]

尧王的两个女儿娥皇、女英的神像。

尧王像 [iɑo²²uã⁰ɕiã²⁴]

尧的神像。

6-61◆羊獬

6-62◆曹家庄

法王娘娘 [fɑ³³uã²⁴n̥io²¹n̥io²⁴]

法王娘娘的神像。当地人认为其为掌管世人健康状况的神。

弥勒陀佛 [mi²²lo⁰tʰuɤ²²fu⁰]

弥勒佛的神像。

月老 [yɛ²¹lɑo⁴²]

月老的神像。传说掌管世间男女婚姻。

6-63◆侯村

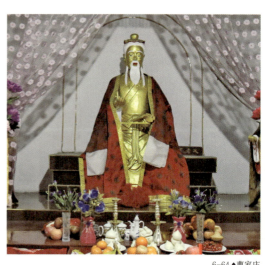

6-64◆曹家庄

6-65 ◆侯村   6-66 ◆侯村

灶君爷 [tsɑo⁵³tɕyeŋ⁰iɑ⁰]

灶神。当地人将姜子牙供奉为灶神，认为其为家神，是一家之主，逢年过节时都要供奉。

门神 [meŋ²¹ʂeŋ²⁴]

司门守卫之神。当地人将尉迟恭、秦叔宝敬奉为门神，除夕时将其画像贴于大门两侧，以祈求保卫家宅。

财神爷 [tsʰɑi²²ʂeŋ⁰iɑ⁵³]

主管世间财源的神明。一般家家供奉，或供奉神像，或张贴财神画像。

6-67 ◆羊獬

6-68◆侯村

高神 [kɑo²¹ʂeŋ⁰]

　　选择树龄较大的家槐、皂角树，奉其为树神。多在树根处设神龛供奉。

6-70 ◆侯村

娘娘庙 [ȵio²²ȵio⁰miɑo⁵³]

女娲庙，又称"女娲庙陵"。庙陵一体，位于赵城镇侯村，2004 年被列为"山西省重点文物保护单位"。相传始建于周朝，据《平阳府志》载唐天宝六年（747 年）重修，唐以后历代屡有修葺。女娲庙现存宋、元龟驮碑两通，明清时期石碑二十二通，古柏三棵、补天石一块。古柏相传为周时所植，距今已有 3000 多年的历史，有三杈、四杈、五杈之分，古柏历史悠久，至今仍屹立不倒，被敬作神灵，岁岁供奉，也反映出当地人对根祖文化的敬仰与推崇。"补天石"，相传为女娲补天所剩下的一块石头，石头上有许多小孔，中下部有个大孔，据村民讲，将耳朵贴在大孔处，可听到隆隆的声音。

神祇 [ʂeŋ²¹tsʅ²⁴]

先祖的灵位。旧时多为木质，现在多为纸质。取一张长方形的黄纸，一头折成三角状，在黄纸上写字，如"供奉·崔门三代祖宗之灵位"，将三角状朝上贴于家中墙上。

6-69 ◆侯村

6-71◆广胜寺

广胜寺 [kuã²⁴ʂeŋ⁰sʐ⁵³]

　　广胜寺是一座佛教寺院。位于洪洞县广胜寺镇，1961 年被列入国家重点文物保护单位。始建于东汉，时称阿育王塔院，又称俱卢舍寺。唐代宗时重修，赐额"大历广胜之寺"，简称"广胜寺"，"广胜"即"广大于天，名胜于世"。"广胜寺"包括上下两寺，上寺在霍山之巅，下寺在霍山之麓。

中国语言文化典藏

琉璃塔 [liou²¹li²⁴tʰɑ²¹]

    又叫"飞虹塔",位于广胜寺上寺。始建于汉,屡经重修,塔身用青砖砌成,共13层,每层均为八角形。塔身装饰着用琉璃烧制的屋宇、神龛、角柱、斗拱、宝瓶、莲瓣、花卉、龙凤、金刚力士、童子、菩萨等多种构件,造型生动逼真,色彩鲜艳夺目,是目前全国最精美、保存最完好的琉璃塔。2018年被吉尼斯世界纪录认证为"世界最高的多彩琉璃塔"。

水神庙山门 [ʂuei⁴²ʂeŋ²⁴miɑo⁵³sã²¹meŋ²⁴]

山门指寺庙的正门，是寺庙的代称。图中水神庙位于广胜寺下寺，仍保留有山门。山门高耸，属于殿堂式，东西三开间，进深六椽，单檐歇山顶，两侧塑有三米高的巡水神两尊。山门正背后为元代戏台。

台子 [tʰɑi²²tsʅ⁰]

多指戏台，一般搭建在空旷处。在当地，歌舞等现代节目通常不在戏台上表演，而是重新搭建简易的舞台。图中的戏台位于广胜寺下寺"水神庙山门"（见图 6-73）背后，建于元代，是全国为数不多的保存完好的元代戏台之一。

玉皇殿 [y²¹xuã²⁴tiã⁵³]

供奉玉皇大帝神像的大殿。体现了当地人对道教文化的尊崇。

柏泉寺 [pɛ²¹tɕʰyã²⁴sʅ⁵³]

柏泉寺位于洪洞县兴唐寺乡苑川村,是一座佛教寺庙。柏树依泉而植,清泉由柏得名,当地人在柏树、清泉处建以寺庙,得名"柏泉寺"。一为保护水源,二为敬奉神灵。寺内现有大雄宝殿、龙祠殿、观音殿、卧佛殿等,还有一株侧柏,相传植于周朝,距今有 3000 多年的历史。古柏主干粗壮,分枝众多,宛如群龙盘踞。

6-77◆赵城北街

佛堂儿 [fu²¹tʰor⁵³]

供奉菩萨、佛像的木制神龛。大小无定制，多为枣红色。神龛用于供奉财神时，通常放置在高处，所以又叫"财神楼儿" [tsʰɑi²²ʂeŋ⁰lour²⁴]。

6-78◆大槐树古槐路

窑儿 [iɑor²⁴]

供奉天地爷、土地爷的神龛。当地传统民居为"窑"（见图1-1），人们认为神龛为土地爷、天地爷的住处，只是面积小，所以叫"窑儿"。当地窑洞多为一门两窗户式，中间为门，两边为窗户。东窗户和门之间的"窑儿"供奉天地爷画像，西窗户和门之间的"窑儿"供奉土地爷画像，分别叫"天地爷窑儿" [tʰiɑ²¹tʰi⁰iɑ²¹iɑor²⁴] 和"土地爷窑儿" [tʰu⁴²tʰi⁰iɑ²¹iɑor²⁴]。

龟驮碑 [kuei²¹tʰuɤ²⁴pei²¹]

　　石碑由龟驮着，故名"龟驮碑"。现存于女娲庙内，两通碑分别为宋元时期所立，碑文记载着女娲庙的修葺情况。

柒·婚育丧葬

　　古代结婚时讲究"六礼"，即纳彩、问名、纳吉、纳征、请期、亲迎。洪洞结婚事宜大体继承传统，但随着时代的发展，名称和次序又有所改变。由媒人代男方或女方纳彩，双方满意后，家人便会向熟识对方的人询问其人品、家庭情况等，决定是否进一步交往。如果各方面都满意，就会进入订婚环节，通常男方会选择一个逢三、六、九的日子将女方及女方家人接到家里吃饭，让女方初步认识男方家里的亲戚。订婚后，男方会给女方部分彩礼。之后，男方委托媒人去女方家，要回写有女方生辰八字的红纸，然后根据男女双方的生辰八字选择结婚日期，择定结婚日期后，男方给女方"送日子"[suen²¹ʐʅ⁴⁴tsʅ⁰]，写下"订帖儿"[tieŋ²⁴tʰieɹ⁰]，向外人告知男女双方已有婚约，并将剩余的彩礼一同送去。结婚前一天男方家便开始铺被褥、挂灯笼、贴对子、包饺子、准备宴席食材……结婚当日，新郎拜别灶君后，由媒人陪同去接亲，在拦门、藏鞋一系列环节后，送亲人带着嫁妆陪送新娘到婆家，新娘下车前，新郎要先跑回新房"踩四角"[tsʰɑi⁴²sʅ²⁴tio²¹]，踩完后飞速跑回婚车前接新娘。新娘下车时，新郎的伙伴们会放鞭炮、和新人"淘气"[tʰɑo²⁴tɕʰi²²]，"淘气"的人越多表示新人的人缘越好。新人进门后，

中国语言文化典藏

拜天地、喝交杯酒、敬酒、入洞房等。三日后，新人要回门。

如果久婚未育，婆家人会去拜子孙娘娘求子，如愿后要还愿。孩子满月、周岁、十二岁时会宴请亲朋，送给孩子"锁儿"[suɤr³³]，保佑孩子平安健康。家有老人逢整十岁生日时，晚辈要带着"寿桃"[ʂou²⁴tʰao⁰]或"寿糕儿"[ʂou²⁴kɑor⁰]去拜寿。

俗话说"生老病死，人之常情"。老人死后，洪洞人一般说"不在啊""没啊"。孝子给逝者洗净穿戴好衣物后入殓，在接下来的几天中要按照当地的风俗习惯布置灵堂、守灵等，直至下葬，下葬后还要按照"七单子"[tɕʰi²⁴tã²¹tsʅ⁰]的日期，祭奠逝者。

随着城市化进程的推进，越来越多传统的婚育丧葬仪式在逐渐消失，趋于简化。但我们在调查中却发现一些与之相反的情况，那就是条件好的人家往往将仪式繁复化，还有吸收别地一些寓意较好的习俗，如：洪洞河西地区在结婚时，女方要将陪嫁物品列成清单在结婚当天交给男方，由于这种习俗使新娘显得特别有面子，所以在河东地区也逐渐流行了起来。

7-1 ◆

做媒 [tsʅ²⁴mei²²]

说媒。通常男方和女方家各有一个媒人，两个媒人先分别带着男女方照片去见对方及家长，向对方介绍个人及家庭情况。如果双方满意，媒人就将男方带到女方家相亲；或者两个媒人将男女双方带到两人都熟悉的人家里见面。旧时说媒过程繁复，当地有句俗语"是媒不是媒，先吃那"七八十来回"即可印证。现在过程比较简单，媒人将男女双方的信息交换后其自愿联系，若合适后媒人再继续商量剩余事项。

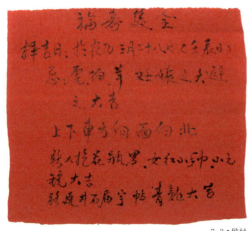

7-3 ◆侯村

订帖儿 [tieŋ²⁴tʰier⁰]

婚约。由男方写就，内容有择好的结婚日期及结婚时的注意事项。

7-2◆北庄

择日子 [tsʰɛ²⁴zʐ⁴⁴tsʐ⁰]

选择结婚的日期。一般选择逢三、六、九的日子，如农历三月初六、四月初九等。男方选两到三个日期，让女方家从中定一个，女方选好后告知男方。男方将结婚日期及注意事项写在红纸上，与剩余的彩礼一起由媒人送到女方家，这个过程叫"送日子"。

清单 [tɕʰieŋ²¹tã²¹]

陪嫁的物品清单。用大红纸写上陪嫁物品的名称、数量等，写好后折成长条状，封面贴上或写上双喜字，结婚时交于男方。现在都是购买的，直接填写即可。

7-4◆侯村

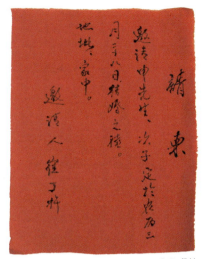

7-5◆侯村

7-6◆侯村

请帖儿 [tɕʰiẽŋ²⁴tʰier²¹]

通知亲朋参加喜事的邀请函。旧时写在红色长方形的纸上，写着结婚的日期、婚宴举行时间、地点及邀请人的名字。现在一般都是购买现成的，只需填写时间、地点、姓名即可。

择眉 [tsɛ²⁴mi²²]

开脸。拿交叉的红线去除面部多余的杂眉及汗毛。洪洞俗语"毛女子不出嫁"，即说明开脸是结婚前必需的环节。现在很少有人开脸，多是在化好妆后象征性地比画一下。

新媳妇房儿 [ɕieŋ²¹ɕi²¹fu⁰fɤr²²]

新婚夫妻居住的房间。图7-7为新式婚房。

7-7◆北庄

对子 [tuei⁵³tsɿ⁰]

写在红纸上的对联。对联多为祝福话语。当地习俗结婚时所有的门都要贴红对联以示喜庆，也有辟邪的意味。

洪洞

柒·婚育丧葬

7-10 ◆北庄

7-11 ◆南堡

新郎 [ɕieŋ²¹lɑ̃⁰]

结婚时的男士。

媳妇儿 [ɕi²²fur⁰]

新娘。

吃煮角儿 [tʂʰʅ²¹tʂu²⁴tior⁰]

结婚当天的零点或头天晚上，新郎、新娘要在各自家中吃饺子，饺子通常由"女全人" [ny⁴²tɕʰyɑ̃²²zɛŋ⁰]双方父母、原配丈夫及儿女齐全且健康的女性包好，个头较小，数量与新人的年龄相同。

叠被子 [tʰiɛ²⁴pʰi²⁴tsʅ⁰]

结婚前一天，男方家人要请"男全人" [nɑ̃²⁴tɕʰyɑ̃²²zɛŋ⁰]双方父母、原配妻子及儿女齐全且健康的男性将新人的褥子铺好、被子叠好摞起。

7-14 ◆北庄

7-15 ◆北庄

7-12 ◆北庄

7-13 ◆南堡

跟班的 [keŋ²¹pã²¹ti⁰]

伴郎。通常由新郎未婚的同学、朋友等担任。图中拿花的是新郎。

送亲的 [sueŋ²⁴tɕʰieŋ²¹ti⁰]

伴娘。通常由新娘未婚的同学、朋友担任。图中坐在前排的是新娘。

唤新妇 [xuã²⁴ɕieŋ²¹fu⁰]

接亲。一般由男方家中同辈的男丁去接亲。

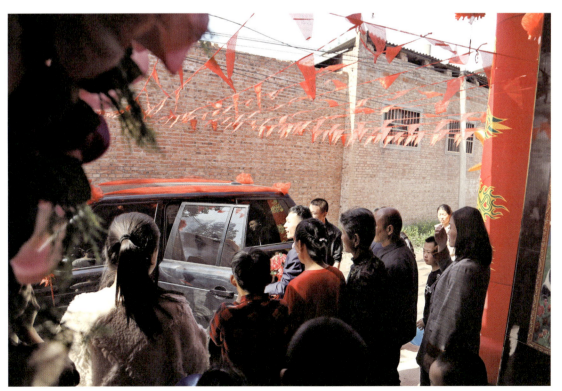

7-16 ◆北庄

7-17◆南堡

锁门哩 [suɤ²⁴meŋ²²li⁰]

拦门，即结婚时和新郎的玩笑游戏。新郎接亲时，新娘的亲戚朋友会将门锁住，向男方索要红包，要到满意的红包后才会开门。

7-18◆北庄

席儿 [ɕiər²⁴]

指婚庆喜宴。一般在自家院子里设宴，桌数视所邀请的人数而定，多则五六十桌，少则十来桌。婚宴分早饭和午饭，早饭吃"饸饹旗子"[xo²²lo⁰tɕʰi²²tsʅ⁰]（见图4-9）、"枣儿米"[tsɑor³³mi⁴²]（见图4-27）；午饭通常有冷热十二道菜，主食为馒头。婚礼的前一天也有饭，供亲朋好友等帮忙的人吃，主要吃"饸饹旗子"。

7-19◆南堡

中国语言文化典藏

抓钱儿 [tʂuɑ²¹tɕʰiɚ²⁴]

在一个盘子里放上麦麸和钱，"麸" [fu²⁴] 与 "福" [fu²⁴] 谐音，钱一般放 666 元或 888 元，新郎在接亲前、新娘在上婚车前要抓麦麸和钱，将抓好的麦麸和钱包起来，男方的留在自家，女方的则带到婆家，表示婚后有福有钱。如果新人有兄弟姐妹，麦麸和钱要留一些，意思是留些福气和钱给兄弟姐妹，如果是家中最小的孩子或独生子则可全部抓走。

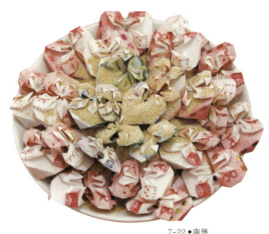

洪洞 柒·婚育丧葬

221

7-23◆北庄

7-24◆南堡

吃软面燔馍馍 [tʂʰʅ²¹zuã³³miã⁰po²⁴mo²²mo⁰]

将"软面燔馍馍"（见图 4-18）两次对折叠成三角形状，新人将三个角咬下来，扔到背后，寓意"翻身"。

踩四角 [tsʰɑi⁴²sʅ²⁴tio²¹]

接回新娘的婚车到达村口时，新娘不下车，新郎要先跑回新房中依次踩放在床四角及中央的五块方形红纸，寓意宣示男子已成家，这是属于自己的地方。

7-27◆北庄

7-25◆北庄

7-26◆南堡

出门儿 [tʂʰu²¹mə̃r²⁴]

新郎拜别父母出发接亲、新娘拜别父母出发去婆家。新郎在接亲前、新娘在上婚车前要到灶神前鞠躬，祈求灶神保佑婚事一切顺利。新娘在上婚车前不穿婚鞋，上车后才脱下旧鞋，换上婚鞋，意思是不粘娘家的土，也可在婚鞋底贴红纸，上车时撕掉。出发时新娘姨妈不能送，其他人送到村口，去了新郎家，新郎的姑姑不接新娘，一般由婶婶接。

淘气 [tʰɑo²⁴tɕʰi²²]

新郎将新娘接回家时，会有亲朋好友们在门口逗玩新人。

7-28◆北庄

喝口儿红砂糖水 [xɤ²¹kʰour⁰xueŋ²⁴sɑ²¹tʰɑ̃⁰ʂu⁴²]

新郎将新娘接回家后，由接新娘的婶婶给新人端杯红糖水，新人互相喂对方喝，寓意婚后生活甜甜蜜蜜。

中国语言文化典藏

祈娃的土堆子 [tɕʰi²¹uɑ²⁴ti⁰tʰu³³tuei²¹tsʅ⁰]

位于女娲陵内的两处土堆。一般在主陵求女，副陵求子。求子者在土堆处用手或者工具刨"料礓儿石"[liɑo⁴⁴tior⁰ʅ²⁴]埋在土堆中的石子。刨出尖形的代表男孩，圆形的代表女孩。

祈娃娃 [tɕʰi³³uɑ²¹uɑ²⁴]

求子习俗。如果婚后久不怀孕，男女双方长辈会去拜子孙娘娘求子。相传三月初十是女娲的诞辰，这天求子很灵验。求子的人在子孙娘娘处上香、磕头时许愿，然后庙里的负责人会给只小鞋，蓝色代表男孩，红色代表女孩，求子的人将小鞋装在口袋里，之后去求子堆处刨"料礓儿石"，刨到后带回家，回家路上不能回头、不能说话，到家后把料礓儿石放到炕角的褥子里。等怀孕后，拿上当时庙里给的那只小鞋和自己家做的或买来的鞋再到娘娘庙去还愿。

洪洞

柒·婚育丧葬

7-33 ◆侯村

剪头发 [tɕiã²⁴tʰou²¹fa²⁴]

孩子出生三天和九天后要分别剪三剪子和九剪子头发，将两次剪下的头发用纸包起来，压在褥子下，寓意孩子顺利长大。

剃胎毛儿 [tʰi⁵³tʰɑi²²mɑor⁰]

剃满月头。婴儿满月后要剃头，将剃下的头发揉成团，往学校里扔一些，希冀孩子聪明好学；再往狗窝中扔一些，寓意小孩有胆量。

百疙瘩儿衣裳 [pɛ⁴⁴kɤ²¹tɚ⁰n̩i²¹ʂo⁰]

百家衣。用很多彩色小方布块缝成的上衣或背心，也叫"百疙瘩祆儿" [pɛ⁴⁴kɤ²¹taⁿ⁰ŋɑor²⁴]，以前儿童穿这种百家衣，现在一般穿亲朋家的旧衣服，寓意好照料、好成长。

7-34 ◆侯村

7-36 ◆侯村

中国语言文化典藏

坐月子 [tsʰuɤ²¹yɛ²⁴tsɿ⁰]

产妇度过一个月的产褥期。如果家里有坐月子的产妇时，要在家门口放块大煤块，以提示来人。女性亲朋好友会带着礼物或钱选择日期去探望产妇，叫"眊⁼月子"[mɑo²²yɛ⁴⁴tsɿ⁰]，日期一般选择逢三、九的日子，或孩子出生的第 12、15、20 天。亲友"眊⁼月子"后，主人家要还礼，还礼的钱物叫"回的"[xuei²²ti⁰]。

枷儿 [tier²¹]

用秸秆做成的三角形架子，架子上缠着红色和黄色的纸条。每逢三月初十女娲庙庙会，儿童脖子上都会戴上"枷儿"，寓意保平安健康。相传这个习俗是女娲为防止野兽伤害村民而采取的保护措施，一直流传至今。

洪洞 ｜ 柒·婚育丧葬

227

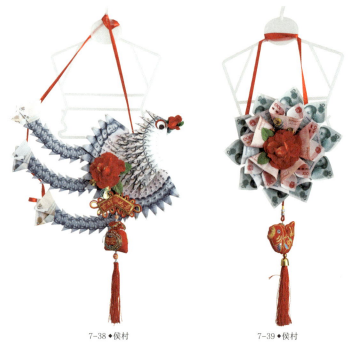

7-38 ◆侯村　　　　　7-39 ◆侯村

锁儿 [suɣr³³]

　　孩子满月、百天、一周岁、十二周岁时，父母、祖父母、外祖父母将钱叠成各种样式的"锁儿"，用红绳拴好，当天由父母、祖父母、外祖父母将"锁儿"戴到孩子脖子上，叫"挂锁儿" [kua²⁴suɣr³³]。

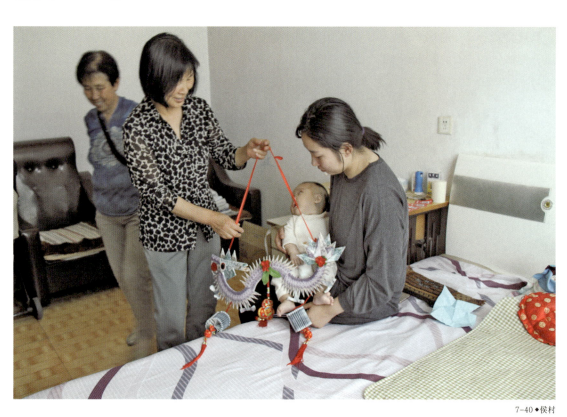

7-40 ◆侯村

7-41◆侯村

7-42◆侯村

骨＝蓝＝ [ku²¹lã²⁴]

　　环形面制品。发面蒸制而成，表面有面塑十二生肖、花卉、石榴、桃等，一般用于儿童满月、百天、生日时，由外祖母送给外孙，同时还要送一个发面蒸制的兔子，叫"长□" [tʂʰo⁵³tɕyɛ⁰]，寓意孩子平安成长。过生日当天，找一个年纪相仿的儿童，两个小孩分别站在门槛两侧，各持"长□"一端，向相反方向用力拉断，寓意儿童快快长大。

过寿 [kuɤ²¹ʂou⁵³]

　　老人从六十岁开始，逢整十的生日时宴请亲朋好友。晚辈按照辈分由高到低的顺序给寿星磕头祝寿。

寿糕儿 [ʂou²⁴kɑor⁰]

　　子女给父母拜寿时携带的蒸制面食。底部由三层圆馍片中间夹枣摞起来，顶层中间有一个稍大的"寿桃"（见图 7-43），周围有若干个小"寿桃"，大小寿桃之间用红枣做装饰。

寿桃 [ʂou²⁴tʰɑo⁰]

　　桃形蒸制面食，上面涂红点以示喜庆。晚辈给关系较远的长辈拜寿时携带的礼物，闰月过寿时蒸 12 个，其余月份蒸 11 个。

7-43◆侯村

7-44◆侯村

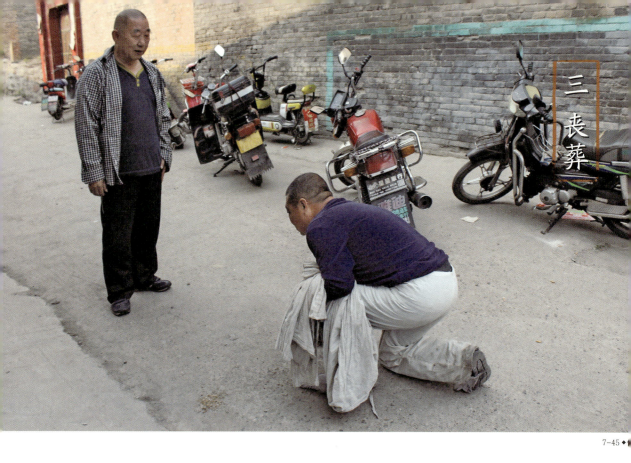

报丧 [pɑo²⁴sɑ̃²¹]

孝子去亲戚家报告丧事。报丧时单膝跪地，先磕头再说话，告知亲戚发丧时间，报丧者忌在亲戚家吃饭。

7-47 ◆赵城北街

寿衣 [ʂou²⁴i²¹]

男士寿衣一般为蓝色或黑色，女士寿衣颜色则较为鲜艳，材质多为绸缎。去世老人穿寿衣时，数量讲究穿单不穿双，寿衣上忌有金属扣子及金属物品。当父母年老时，一般女儿会为父母准备寿衣，老人在世时准备的寿衣不钉扣子，不上领子，不用毛料、皮料，也不能准备齐全，总要少上一两件，等到去世时再补齐。

寿器 [ʂou²⁴tɕʰi⁰]

也叫"棺"[kuã²¹]，根据耐腐蚀程度的强弱，棺材的等级可分为一柏木、二楸木、三桐木、四柳木。

帽子 [mɑo²⁴tsʅ⁰]

指逝者所戴的帽子。男士一般为圆形帽子，帽子顶端有个小圆球，以黑色或深蓝色为主；女士一般为绒帽，帽子上有花儿，以枣红色为主。

鞋 [xɑi²⁴]

寿鞋。男士以黑色或蓝色为主，女士以红色为主。

洪洞

柒·婚育丧葬

231

7-50 ◆赵城北街

7-51 ◆赵城北街

脚蹬 [tɕiɛ²⁴teŋ²¹]

放置在逝者脚后跟处的物品，起固定遗体的作用。

枕头儿 [tʂeŋ⁵³tʰour⁰]

放置在棺内的逝者的枕头，无填充物。

打墓儿 [tɑ⁴²mur⁵³]

建造墓穴。人去世后，根据一定的位置，雇人挖墓，祖坟挖得最深，一般墓道深 2—3 米，宽 1 米；墓穴高约 2.5 米，长约 3 米，宽约 2 米，辈分越低，挖得越浅。

7-52 ◆侯村

入殓 [ʐu²¹liã⁴²]

老年人在弥留期间，儿女需守候床前。停止呼吸后，儿女随即放声大哭，之后为逝者剃头、沐浴、更衣、晾尸，请阴阳先生来确定棺材方位，之后将逝者放入棺内，盖上棺盖，暂不钉，这个过程叫入殓。一般棺材底板上放七个铜钱，摆成北斗七星的形状，再撒上炉灰或者锯末，延缓遗体腐烂，然后再放上"七星板儿" [tɕʰi²¹ɕieŋ⁰pɐr⁴²]放在棺底的木板，木板上按北斗七星的样子凿有七个孔，板上铺金色褥子，将逝者放置于褥子上，盖上银色被子，俗称"铺金盖银"。入棺后要将棺内的空隙填满，防止遗体来回晃动。

口含钱 [kʰou²⁴xã⁴²tɕʰiã⁰]

一枚系着绳子的铜钱或金属钱币。老人停止呼吸后，儿女要将其放入逝者口中，将绳子搭于逝者耳后，取意是人的一生为金钱奔波，去世后让其口含一枚铜钱，不枉来世一遭。

盖脸纸 [kɑi²⁴liã⁴²tsɿ⁰]

特指盖在逝者脸上的方形白麻纸。

7-56 ◆侯村

移灵 [i²¹lieŋ²⁴]

入殓后棺材先置于逝者生前居住的屋内，搭建好灵棚后将棺材移至灵堂中。

守孝 [ʂou⁴²ɕiɑo²⁴]

守灵。老人过世后一般由子女、孙辈守灵，按男左女右的位置分列棺材两旁，守灵时间每家情况各有不同，通常最短三天，最长七天，多数为五天。守灵期间，灵前不能无人，灵前的蜡烛不能熄灭，孝子不可洗脸、不可梳头、不可刮胡子。旧时父母去世，儿女穿三年孝服，姑舅去世穿一年，姑父、姨父等去世是灵前服，出完殡就可脱掉。服丧三年内守孝男性不可理发、不可整容、不可修面。现在一切从简，出殡后孝子一般只在胳膊上佩戴"孝"字，其他如常。服丧的人家，出殡当日贴白色对联，第一年春节不贴对联，第二年贴黄色对联，第三年恢复正常，贴红色对联。

7-58 ◆侯村

灵堂 [lieŋ²¹tʰã²⁴]

供奉灵柩或逝者灵位以供吊唁的厅堂。棺材前放两个长条桌或方桌，一高一低，用以摆放逝者照片、祭品及香具，周围摆放陪葬品，孝子在棺材两边守灵。灵堂两侧摆放"花圈儿"[xuɑ²¹tɕʰyɐr⁰]。出殡时将花圈带至坟地，堆放在坟墓上，不烧。

衫子 [sã²¹tsɿ⁰]

孝服。无扣，男孝子为长衫，女孝子为短衫。儿女的孝服在整个丧事期间不可清洗。忌穿着孝服去别人家，如有必须要办的事情，进别人家门前要先将孝服脱掉，办完事出来再穿。

洪洞

柒·婚育丧葬

7-60 ◆侯村

7-61 ◆侯村

布子 [pu⁵³tsɿ⁰]

　　孝帽。用一条白布围成的无顶帽子。"封口"[feŋ²¹kʰou⁴²]将棺盖钉实（见图 7-75）后，要将挽在孝帽后的布头揪出来垂在脑后。儿女的孝帽所用白布最长，关系越远所用的白布越短。

白鞋 [pʰɛ²⁴xɑi²²]

　　孝子在丧期内所穿的缝上白布的鞋子。双亲有一个还在世的，只缝鞋前部分；双亲都去世的，整个鞋全缝白布。鞋上的白布不能扯下，只能穿烂。

7-62 ◆侯村

莲花 [liɑ̃²¹xuɑ²⁴]

　　由亲戚供奉的面食祭品。发面蒸制成，形似莲花。莲花在佛教中寓意美好、圣洁。莲花祭品寓意逝者不染尘世，升入极乐世界。

7-63 ◆侯村

7-66 ◆侯村

孝圪=榄=[xɑo⁵³kɤ²¹lɑ̃⁰]

哭丧棒。粗树枝或高粱秆缠上白纸条。旧时由高粱秆做成，后来由于高粱种植减少，逐渐改用粗树枝。

7-67 ◆侯村

引魂幡儿 [ieŋ⁴²xueŋ²⁴fɐr²¹]

丧葬时用以招引魂魄的长条状纸旗。纸旗一端粘在高粱秆上，旗面上阴阳先生写有如"玉堂启路迎真灵魂入墓大吉大利"的字。出殡时，由外甥拿着，走在最前面引领逝者，下葬后要插到坟头，也叫"留墓幡儿"[liou²⁴mu⁵³fɐr⁰]。

麻饦 [mɑ²¹tʰo²⁴]

由邻居供奉的面食祭品。发面蒸制而成，将长条状面片的两侧切开，但不切断，然后两片垒起来，中间用筷子压实。

拍拍儿 [pʰɛ²⁴pʰɛr⁰]

灵前供奉的面食祭品。由七个圆形生面片一字排放在"筬"织布机上的部件，有孔，可上下通风，防止变馊（见图 5-109）上，寓意不要忘记给逝者烧"七七"祭日，每过一七，便拿走一个。

7-64 ◆侯村

7-65 ◆侯村

洪洞

柒·婚育丧葬

237

7-68◆侯村

雪柳 [ɕyɛ²¹liou⁰]

竹条或柳条上缠上白纸条，逝者多少岁就缠多少根，将缠好白纸的竹条插在草靶子上，出殡时由大孝子扛着走在最前面，最后放到坟头。

浆水罐子 [tɕio²¹ʂu⁰kuã⁵³tsɿ⁰]

人去世后家人要准备一个圆形瓷质坛子，将每餐祭拜的食物倒入一些，起灵后要将罐子塞满并封口，随逝者埋入墓穴中。

7-69◆侯村

烧纸 [ʂɑo²¹tsɹ⁴²]

出殡前，所有亲朋好友前来祭拜，每当有人祭拜时，便由专人在"烧纸盆儿" [ʂɑo²¹tsɹ⁰pɚ̃²⁴]
铝制或铁制的圆盆中烧一片麻纸，祭拜的顺序大致是先亲家，然后亲戚，最后是邻居。旧时要三叩
九拜，现在根据与逝者关系的远近选择用磕头或鞠躬代替。

帐子 [tʂɑ̃⁵³tsɹ⁰]

亲戚朋友送来的礼布。挂在灵棚前，上面落款送者的名字。旧时要送来写着简短悼词的
黑布，现在各种花色的布均可。

洪洞

柒·婚育丧葬

谢孝 [ɕiɛ⁵³ɕiɑo⁵³]

孝子跪在灵前或路旁，男左女右，手持哭丧棒磕头回谢祭拜的人。埋葬结束后，孝子返回家中时在院门口或院中单膝跪地向亲朋好友磕头，表示感谢，叫"孝子谢" [ɕiɑo²⁴tsʅ⁰ɕiɛ⁵³]。

7-73 ◆侯村

吊活生儿 [tiɑo⁵³xuɤ²²sɛr⁰]

7-72 ◆侯村

根据逝者岁数将麻纸剪成条状但不剪穿,一岁一条,宽窄不限,挂在灵前,显示逝者的阳寿。"封口"(见图7-75)后,用逝者的内衣将"吊活生儿"捆好,由大孝子_{逝者的长子}用秤钩将捆好的"吊活生儿"称一下,然后拿着用秤钩挂起的"吊活生儿"走在前头,大孝女_{逝者的长女}手拿金属盆,用尺子敲打,跟在大孝子后,从逝者生前所居住的家中出发,绕到棺材停放处,再绕到院中土地爷前,共绕三圈,过程中大孝子与大孝女对答,女说男应,女:"爸(妈),穿袄了。"男:"穿上了。"然后女:"爸(妈),戴骨＝蓝＝儿 [ku²¹lɛr²⁴]。"男:"戴上了。"绕完三圈后,所有孝子在大门口空地处围成一圈跪下,有专人将秤钩上的东西烧掉。烧时孝子问"要上天有梯儿,不知白天黑夜有鸡儿,爸(妈),你还丢不下谁?"风将烧尽的灰刮到谁跟前就是放心不下谁。然后所有孝子哭三声,烧"吊活生儿"结束。

7-74 ◆侯村

7-75 ◆侯村

封口 [feŋ²¹kʰou⁴²]

将棺盖钉实。一般在人去世后第三天进行。"封口"前将挂在逝者手上和脚上的十二个"骨﹦蓝﹦儿"剪开，取掉口含钱和盖脸纸，放在逝者头边；将七个鸡蛋大小的由麦麸做成的圆球按男者左三右四、女者左四右三放在逝者的袖筒里；然后解开衣服扣子和皮带，寓意为不受束缚，好转世；再往棺材中放一些金纸元宝；之后用红纸剪一个八卦图，写上"魂"字，揣入逝者怀中，寓意将魂魄带走；或者将一块写着"天圆地方，地灵久站，今日今时，煞随尸出"符咒的红布，揣入逝者怀中。旧时用七块泥坯，现在改用七卷卫生纸男者左三右四、女者左四右三置于尸旁，固定遗体，再往棺内放置逝者生前惯用物品和嗜好之物。以上程序完毕后，撒一包五谷，然后用"箍绳" [ku²¹ʂeŋ²⁴] _{粗麻绳}前三圈后四圈将棺材捆住，按左三右四七个钉子，钉子下放红布，钉实棺盖，"封口"结束。"封口"时，孝子们分列棺材两边，钉棺时，口中要念："爸（妈），别害怕，给你盖房哩"。"封口"时，当地习俗还要从逝者寿衣上剪下衣角，叫"底材" [ti²⁴tsʰɑi⁰]，寓意为后辈发财。

起灵 [tɕʰi²¹lieŋ²⁴]

　　起棺出殡。外甥走在最前面引路，一手拿"引魂幡儿"（见图7-67），一手拿麻钱，逝者为女则麻钱孔为方形，逝者为男则麻钱孔为圆形，边走边撒，意为买路钱。孝孙抱灵牌或遗像稍后，其后依次为吹鼓手、孝子、孝女、棺材、儿媳、其他孝子，孝子们手持"孝圪⸗榄⸗"，边走边哭。棺材抬走后，要找孤寡老人来打扫，并将逝者生前所用衣物、枕头在大门外焚烧。

7-76◆侯村

卸孝 [ɕia²¹xɑo⁵³]

送葬队伍走到村口没有人家的地方停下，停下时，棺木不能着地，要放在板凳上。吹鼓手吹打一会，全体孝子磕头拜谢，主要孝子继续往前走，引着棺材去坟地，其他孝子及鼓手返回；返回时，孝男孝女要扔掉哭丧棒，孝服要反过来穿或脱掉。如果逝者有多个儿媳，有抢着回家坐炕头的习俗，当地人认为谁先坐上炕头谁有福。

下葬 [xɑ²¹tsã²⁴]

将棺材放入墓穴。棺材放入墓穴后，在棺盖上放文房四宝、弓箭、铜铃、纸扎祭品，再将"浆水罐子"（见图7-69）放在棺旁，点上长明灯，棺材上撒一包五谷。若逝者为单独的女性，则将一块画阳符的砖放置在棺材的小头处；若逝者为单独的男士，则将一块画阴符的砖放置在棺材的小头处；若为合葬，则在坟堆上放一片写有字符的瓦。之后孝子先埋三锨土，然后众人开始堆坟堆。堆好后，在坟头中间盖一片瓦。下葬过程中忌叫别人名字。

谢土 [ɕiɛ²¹tʰu⁴²]

　　下葬后，在太岁方位立一个牌位，放上祭品，一般为三袋饼干或三个馒头等，然后倒上五杯酒，点上五炷香，放一斤肉，最后在坟上撒一把五谷，将酒沿坟边浇一圈。所有人返回主人家时，忌直接入院，而要在进大门时从烧着逝者衣物、枕头的火堆上跨过，寓意不将野鬼、野魂带回主人家。

洪洞

柒·婚育丧葬

袯墓 [fu²²mu⁰]

"谢土"后，所有孝子、孝女再次到坟上祭拜。由大孝子绕着坟墓往坟上撒麦麸，其他孝子、孝孙辈脱下孝服，用孝服将麦麸扫一下。在这个过程中，大孝子与大孝女一问一答，男问女答，男："爸（妈），宽展 [kʰuɑ²¹tʂɑ⁴²]宽敞吗？"女："宽展。"男："爸（妈），明亮 [miɛ²⁴liɑ⁰]亮堂吗？"女："明亮。"向左右各绕三圈。

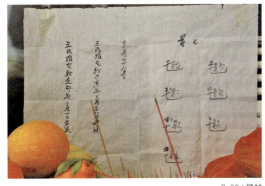

7-83 ◆侯村

7-85 ◆侯村

七单子 [tɕʰi²⁴tã²¹tsɿ⁰]

写着烧七七祭日的单子。一般重点过头七、三七和五七，第五十天的时候将其烧掉。

碑 [pei²¹]

墓碑。通常为石制，上面刻有逝者及立碑人名字。建好新坟后，一般在第二年清明前后可立碑。

坟儿 [fɚ²²]

指整个坟墓。隆起的部分叫"坟圪堆儿" [feŋ²¹kɤ²¹tuɚ⁰]。新建的坟叫"新坟儿" [ɕieŋ²¹fɚ²⁴]，列祖列宗的坟叫"老坟儿" [lɑo²⁴fɚ²²]。

7-84 ◆侯村

捌·节日

　　洪洞一年中最重要的节日是过大年，"腊月二十三，爷爷上了天，先生放了假，学生出了监。"从腊月二十三开始，便拉开了过年的序幕，送灶神爷上天、打扫院子、贴对子、剪窗花、制作过年的吃食。

　　除夕晚上，一家人围坐在一起吃饺子、看春晚，其乐融融。零点时，家家户户放鞭炮，迎接新年的到来。初一这天，大人小孩都要穿新衣、戴新帽，逢人要说吉祥话，忌扫地、忌挑水。从初一开始拜年，初一、初二主要拜访男方亲戚，从初三开始拜访女方亲戚。正月初五要"扫穷土"[sɑo⁴²tɕʰyeŋ²⁴tʰu⁴²]，寓意将"穷途"送走。正月十五张灯结彩，红红火火"闹社火"[nɑo²⁴ʂɤ²¹xuɤ⁴²]：猜灯谜、舞龙、敲威风锣鼓、打腰鼓舞……持续多天。正月二十过添仓 [tʰiɑ̃²¹tsʰɤ²¹] 节，焚香祭神、祈求五谷满仓，这也意味着过年的结束，即将开始新一年的劳作。

　　除了与全国大致相同的节日外，洪洞还有一些由群众自发组织形成的节日，它们

多数与当地特有的历史文化相关。如每年的"洪洞祭祖节"[xuen²²tuen⁰tɕi²²tsou²⁴tɕiɛ²¹]已逐步发展成为在海内外颇具影响力的重要民俗活动，这项习俗更是在 2008 年被列入第二批国家级非物质文化遗产名录。落叶归根，寻根祭祖，反映了大槐树移民后裔对故土浓浓的爱，深深的情。

在当地一直流传着尧王访贤、尧王嫁女的动人故事，延续着千年神亲"接姑姑迎娘娘"[tɕiɛ²¹ku²¹ku⁰ien²⁴ȵio²²ȵio⁰]。每年三月初三，一支千余人组成的甘亭镇羊獬村迎亲队伍穿越当地 20 多个村庄，接回嫁入万安历山的娥皇、女英二位"姑姑"，四月初八，历山人再从羊獬迎回二位娘娘。此项民俗节日至今已延续四千多年，千人走亲队伍演绎着中华民族女嫁男娶、姻联亲情的民情风俗，堪称世界上最古老、最生动的民俗"活化石"。同时也是尧舜文化的缩影，反映出了当地人对尧舜的敬仰与尊崇。

腊月二十三 [la²⁴yɛ⁰ər²⁴ʂʅ⁰sã²¹]

　　腊月二十三是小年,也是送灶神爷及各路神仙上天的日子,当地人拿"麻饦儿"[ma²¹tʰor²⁴](见图 8-7)供奉灶神,希望灶神爷"上天言好事,回宫降吉祥"。腊月二十三也意味着拉开了过年的序幕,家家户户忙着准备过年,当地有"腊月二十三,爷爷上了天,先生放了假,学生出了监"的俗语。

中国语言文化典藏

贴对子 [tʰiɛ²¹tuei⁵³tsʅ⁰]

　　贴春联。通常在除夕下午进行,主要贴于大门和房门处。此外,还要在灶神、天地爷、土地爷、财神爷、大门正对面、客厅正对面、炕头等处贴。

扫刷 [sɑo²⁴ʂuɑ⁰]

过年前的大扫除。将家里打扫干净，准备迎接新年。旧时居住条件差，家里灰尘较多，人们认为会影响到各路神仙，因此大扫除常常选在神仙上天后，即腊月二十三之后进行。现在人们动手较早，一般在腊月二十三之前便结束打扫了。

窗花儿 [tʂʰuɤ²¹xuɐɻ⁰]

大红色纸剪出的动物、吉祥字眼、戏剧人物、花卉等图案。贴在窗户玻璃、室内墙上等处。旧时还在窗户四个角处贴"蝙蝠"，谐音"福"，窗花多在过年时贴，现在逢喜事时也贴。

8-5 ◆侯村

枣花儿 [tsɑo²⁴xuɐr⁰]

　　枣花馍。呈三角形、花形等，馒头上镶嵌大枣蒸制而成，三角形状的枣花馍多用于供奉灶神，供奉结束后由家中的男主人吃掉，当地人认为三角形枣花馍像犁铧，男主人吃掉后耕地时犁不会破。

枣儿馍馍 [tsɑor³³mo²²mo⁰]

　　枣花馍的一种。白面发酵后，揉成圆形小面片，三层面片、两层枣相间摞起，在最上层的面片上加面制装饰，如花纹、寿桃等。这种枣花馍主要用于过年、过节时供奉祖先或祭神。

8-6 ◆侯村

8-7 ◆侯村

麻钰儿 [mɑ²¹tʰor²⁴]

里层用麦芽糖、红糖或白糖和面，发酵后擀成长条，长条中间划开，但不划断，外层为死面，擀薄后将里层包起来，炸至金黄即可。

馓子 [sã²⁴tsɿ⁰]

温水加少许盐和面，搓成细条，来回对折后扭结而成，炸至金黄即可食用。旧时只在过年时炸制，现在平常也食用。

8-8 ◆侯村

杂渣儿 [tsɑ²²tsɤr⁰]

温水加少许盐和面，擀成薄薄的面片，两三片叠在一起，用刀在面片上中间划一道，但不划断，再将面片两端从中间划开的部分穿过，炸至金黄即可食用。

8-10 ◆侯村

糊爆 [xu²¹pɑo²⁴]

用发面拧成麻花状，炸制成金黄色即可。长约 10 厘米。可单吃，也可泡在汤里吃。

8-9 ◆侯村

8-11 ◆侯村

8-12 ◆侯村

枣馃儿 [tsɑo²⁴kuɣr⁰]

用未发酵的玉米面加枣蒸制而成的一种食品。旧时当地人只有过节时才吃，现在多日常食用。

夹杆子 [tiɑ²⁴kɑ̃⁴²tsʐ⁰]

发酵的白面面饼上铺一层玉米面，玉米面上再铺一层枣，铺好后卷成长条，用刀等份切开，蒸熟即可食用。

捏煮角儿 [ȵiɛ²¹tʂu²⁴tior⁰]

包饺子。过年时多包肉馅饺子。

8-14 ◆侯村

圪ᵂ浪ᵂ [kɤ²¹lã²⁴]

"圪ᵂ浪ᵂ"为"干"的分音词。面和好后,擀成面饼,将小石子洗净,放在鏊子或锅里烧热,将面饼铺在小石子上,再在面饼上铺一层石子,待烤干即可食用。由于制作过程主要靠石头来烤,因此也叫"石头饼"[ʂʅ²²tʰouᵘpieŋ⁴²]。

响炮儿 [ɕio⁴²pʰɑor⁵³]

放鞭炮。旧时当地人在除夕晚上零点左右、正月初一早上及正月初一的三顿饭前都要放鞭炮,谁家放得多则预示今年会过得好。现在为了环境保护,只在正月初一凌晨和早上象征性地放一些。

守岁 [ʂou²¹suei²⁴]

传统民俗。除夕晚上整晚不睡觉，直至天亮。

扫穷土 [sɑo⁴²tɕʰyeŋ²⁴tʰu⁴²]

　　正月初五各家要打扫屋内、院子，将垃圾倒掉。旧时屋内、院中多为土地，打扫后的垃圾主要为浮土，所以叫"扫穷土"，"穷土"谐音"穷途"，寓意将"穷途"送走。

油饼 [iou²¹pieŋ²⁴]

　　发面擀成圆形，饼面用模子印出花纹，放入油中炸制而成，饼上有一个小孔，方便从油锅中夹出。一般由娘家人给女儿准备，女儿给娘家拜完年后带回婆家。油饼寓意团圆、圆满。

接神 [tɕiɛ²¹ʂen²⁴]

迎接神仙、祖先返回家里。正月初一时除了迎接各路神仙回家，也会接祖先回家团聚，统称"接神"。正月初一零点至天亮前进行，家家户户燃放鞭炮、摆放供品。供品主要有"麻钰儿"（见图8-7）、"圪＝浪＝"（见图8-13）、饺子、香。当地人认为祖先去世后为鬼，神仙比鬼地位高，所以供品数量遵循神仙比祖先多一的原则，"麻钰儿""圪＝浪＝"为"鬼四神五"，即祖先处"麻钰儿""圪＝浪＝"各供奉四个，神仙处各供奉五个；香为"鬼二神三"，即祖先处供奉两炷香，神仙处供奉三炷；饺子数量相同，都为一碗，个数不定，放满即可。现在有的人家还供奉各种水果。这些供品一般过了大年初五才撤走。

馍馍圪蛋儿 [mo²²mo⁰kɤ²¹tɚ⁰]

白面发酵后捏成有尖儿的圆馍，这种馒头比平时的馒头稍小，主要用来供奉天地爷、土地爷、财神爷、灶神爷及祖先。

耍龙灯 [ʂua²⁴leŋ²¹teŋ²⁴]

　　舞龙，传统民俗活动。一般在元宵节时表演。一条龙由七个人举着棍子操控，龙头前还有一个人举着绣球。舞龙时，龙跟着绣球做出各种动作，不断地变换扭、挥、仰、跪、跳、摇等多种姿势。表演时少则一条龙，多则五条或八条，人们以此方式祈求来年平安丰收。

8-21 ◆大槐树府前街

8-22 ◆大槐树虹通大道

灯笼儿 [teŋ²¹lə̃r⁰]

灯笼。大小无定，多为红色，逢年过节或办喜事时，家家户户门口、街道两旁都会挂上红灯笼以示喜庆。

闹社火 [nɑo²⁴ʂɤ²¹xuɤ⁴²]

每年正月十五，各个村镇都要闹社火，形式多样。十五前先在各自村镇表演，正月十五当天集中在县城。对观看者来说叫"趄热闹" [ɕyɛ²¹zɤ⁴⁴nɑo⁰]。

8-23 ◆大槐树府前街（杨军军摄）

骑驴 [tɕʰi²⁴ly²²]

一种模拟人骑驴的表演。

8-24 ◆大槐树府前街（杨军军摄）

舞狮子 [vu²⁴ʂ²¹tsɿ⁰]

传统民俗，每逢佳节可用来助兴。每头狮子由两个人合作表演，一人舞头，一人舞尾。表演者在锣鼓声中，做出狮子的各种形态动作。

中国语言文化典藏

8-26◆大槐树府前街（杨军军摄）

踩旱船儿 [tsʰɑi³³xɑ̃²⁴tʂʰuɐr⁰]

一种模拟水中行船的民间舞蹈。撑船表演者多是一人，也可是两人或多人。坐船者则是化装成的姑娘、媳妇儿。

扭秧歌儿 [ȵiou²⁴iɑ̃²¹kor⁰]

扭秧歌。表演者腰系红绸，随着锣鼓的节奏扭动前行。

8-25◆大槐树府前街（杨军军摄）

8-27◆大槐树府前街

洪洞

捌·节日

265

威风锣鼓 [uei²¹ fen²¹ luɣ²² ku²⁴]

　　流行于山西南部。通常由锣、鼓、镲、铙四种乐器共同演奏，表演者一般不少于百人，由于鼓声如雷，锣音喤喤，镲音清脆，声势浩大，威风凛凛，故名"威风锣鼓"。

8-28◆大槐树府前街

通背缠拳 [tʰueŋ²¹pei⁰tʂʰã²⁴tɕʰyã²²]

又名"通背拳"[tʰueŋ²¹pei⁰tɕʰyã²⁴]。2011年入选第三批国家级非物质文化遗产名录，是一种古老的传统武术拳种，历史悠久，在健身养生、传承中华武术诸多方面都有极其重要的价值。"通背缠拳"最早可追溯至宋代，自清乾隆年间先辈郭永福大师传艺洪洞以来，已传承十代之久，盛行二百多年，其习练者众多，名师辈出。图8-29为"通背缠拳"市级传承人杜立峰及其徒弟。

二鬼摔跤 [ər²⁴kuei⁴²ʂuɑi²¹tiɑo²¹]

一个人背驮着制作好的二鬼摔跤道具进行表演，表演者的四肢分别为二鬼的双腿，通过腿、背、臂等综合协调动作，给观众呈现出两个"鬼"在摔跤的真实场面。

猪八戒背媳妇儿 [tʂu²¹pɑ²¹tsɑi²⁴pei²¹ɕi²²fur⁰]

由一女性身着猪八戒道具进行的表演。表演时，"媳妇儿"手拿扇子或者手绢左右摆动，时而给猪八戒擦汗，时而扇扇子，十分亲昵；边前行边晃动，猪八戒憨态可掬，十分有趣。

圪蚌儿舞 [kɤ²¹pʰə̃r⁰vu⁴²]

舞蹈者背着两扇类似贝壳形状的道具，一边前进，一边扇动贝壳道具，宛如一只在舞动的贝壳。

8-33 ◆大槐树府前街（杨军军摄）

踩高跷 [tsʰai⁴²kao²¹tʰiao⁰]

表演者踩着高跷进行表演。

元宵 [yã²¹ɕiao²⁴]

　　将糖、花生、核桃、桂花等混合做成固体馅料，将馅料沾水后放到江米面中来回滚动，滚一会儿再沾水，循环滚成圆球状。

8-34 ◆侯村

8-35 ◆侯村

上坟 [ʂo²¹feŋ²⁴]

　　自古清明要上坟。当地有"过了春分上新坟"的习俗，因此，上坟自春分时就已经开始，到清明节这天达到高潮。当地出嫁的姑娘只上新坟。去了坟地要先供"神炉"[ʂeŋ²¹lou²⁴]坟地处的神位（见图 8-39），点五炷香，供奉五个馒头，再将用黄纸叠成的三张"裱"[piɑo⁴²]长方形的黄纸（见图 8-38）在"神炉"前点燃烧掉；然后将上坟的供品放到坟前，有馒头、酒水、菜、香等；上坟的人在坟头插两炷香，磕头，之后在坟地周围洒水或酒，上坟结束。若上坟时带着晚辈，长辈会告诉他们坟里埋着什么人，这叫"说坟"[ʂuɣ²¹feŋ²⁴]。

烧纸儿 [ʂɑo²¹tsʅɚ⁰]

　　压在坟顶的白色或黄色的一张方块纸。用石块或土块压住，避免刮走。如果坟头有"烧纸儿"即说明已经有人上过坟，这家后继有人。

8-36 ◆侯村

三 清明节

洪洞 ｜ 捌·节日

271

8-37◆侯村

旗儿 [tɕʰiər²⁴]

插在坟头的呈长条状的旗子。一般为粉、蓝、紫、黄、白五种颜色。如果坟头插有"旗儿"，就说明已经有人上过坟了，旧时在坟头压"烧纸儿"（见图 8-36），现在插"旗儿"或插小花圈替代。

裱 [piɑo⁴²]

取三张长方形的黄纸，顺着长的一边对折，在"神炉"（见图 8-39）处点燃烧掉，意思为告知掌管此处的神仙有人将要给祖先上坟，若有打扰，请多包涵。

神炉 [ʂeŋ²¹lou²⁴]

位于坟地旁边的一处神位。根据每年太岁的位置而选择不同的方位，"神炉"处上五炷香，供奉五个"馍馍圪蛋儿"（见图 8-20），点燃三张"裱"（见图 8-38）。

8-38◆侯村

8-39◆侯村

中国语言文化典藏

添土 [tʰiɑ̃²¹tʰu⁴²]

每年上坟时要用铁锹清理、修补坟堆。意味着给死者修葺房屋。铁锹不能插在地里,要平放在地上。若有小孩跟去,不可嬉笑打闹。过去"添土"时不放炮,现在有人家也放炮。

坟馍馍 [feŋ²¹mo²²mo⁰]

上坟时祭奠死者的馒头。主要有"蛇馍"[ʂɑ²²mo⁰]、"红眼蛇"[xueŋ²⁴n̩iɑ̃³³ʂɑ²⁴] "蛇馍"上加枣、"兔娃儿"[tʰu⁵³ueɹ²⁴] 三种形状,各一个。祭奠完后,一般上坟人中的长者要将"坟馍馍"抛到坟顶,让其滚落,随行的小孩争抢着捡起来吃,意思是祖先吃过的馍馍,小孩子吃后不牙疼不生病。"坟馍馍"都要带回家食用。

洪洞

捌·节日

8-42 ◆侯村

插艾 [ts^{h}a^{21}ai^{53}]

端午节前一天将艾叶插在自家门口，可防蚊虫，当地人认为可避邪。

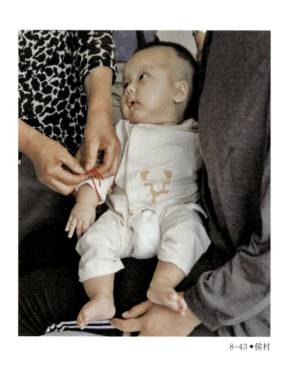

8-43 ◆侯村

戴百锁儿 [tai^{21}pɛ^{44}suɤʐ^0]

端午节前夕，当地幼儿要佩戴五根红绳，这些红绳即"百锁儿"[pɛ^{44}suɤʐ^0]。这五根红绳分别系在幼儿的两手、两脚踝处及腰上，据说可避邪。农历七月十五时剪断，用剪下的红绳捆住麦秆放到十字路口，寓意将坏事、坏运气扔掉，幼儿可长命百岁。

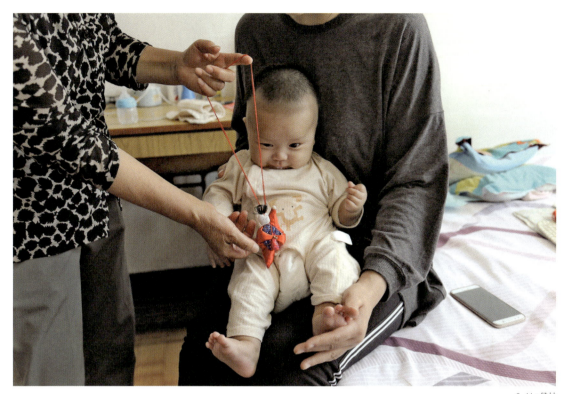

8-44 ◆侯村

戴伴娃娃 [tɑi²¹pʰã²⁴uɑ²²uɑ⁰]

端午节前夕，幼儿除了佩戴"百锁儿"，还要在脖子上佩戴"伴娃娃"[pʰã²⁴uɑ²²uɑ⁰]用布做成小孩的样子。当地人认为有这个"伴娃娃"陪伴，孩子不孤单，还有一种说法，说它是用来避邪的，可保佑幼儿健康成长。

8-45 ◆侯村

接姑姑迎娘娘 [tɕiɛ²¹ku²¹kuᵒieŋ²⁴ɲio²²ɲioᵒ]

　　传说舜耕于洪洞万安镇历山，尧王居于洪洞甘亭镇羊獬村。尧王将二女娥皇、女英嫁于舜，因此羊獬与历山结为姻亲，羊獬人叫娥皇、女英为姑姑，历山人称其为娘娘。由于娥皇、女英关心民间疾苦，深受百姓爱戴，她们每年三月初三回娘家，四月初八返回婆家时，两地百姓都争相迎送。迎送队伍途经各村时，家家户户门前摆放桌椅、提供茶水、饭食等，供迎送队伍人员食用，形成了自发组织的"走亲"民俗活动，这项活动至今已有四千多年的历史，堪称世界上最古老、最生动的民俗"活化石"。2008 年"'接姑姑迎娘娘'走亲习俗"被列入第二批国家级非物质文化遗产名录。

8-48◆羊觞

8-47◆汾河滩里

8-46◆万安

洪洞祭祖节 [xueŋ²²tueŋ⁰tɕi²²tsou²⁴tɕiɛ²¹]

　　洪洞大型祭典活动。"问我祖先在何处,山西洪洞大槐树",大槐树移民始自宋室南迁,其中以明洪武初年到永乐十五年(1417年)年间为其高潮。明朝政府在50年内一共从山西迁民18次,其中又以平阳府迁民最多,迁民地址即在原洪洞县广济寺外大槐树下,即今"大槐树寻根祭祖园"内。时至今日,大槐树移民后裔已遍及全球。几百年来,他们利用各种机会回到大槐树祭祖。为了顺应民情,从1991年开始,洪洞县政府在几百年民间祭祖活动的基础上,吸纳大量民间祭祀仪规,于每年4月1—10日,举办祭祖节,形成了官民合祭的盛大活动,这也是中华民族同根同祖、和谐相处的真实写照。

添仓 [tʰiã²¹tsʰuɤ²¹]

在当地，每年农历正月二十要"添仓"，这天家家都要挑水装满水瓮，将胡萝卜中间挖个坑，倒入食用油，放上用棉花做成的捻子，点燃后置于天地爷、土地爷、水瓮处。院中要摆香案，供奉"摊馍馍"[tʰã²¹mo²²mo⁰] _{用玉米面烙制的小饼}（见图 8-51），祈求五谷丰登，粮食满仓。

8-50 ◆侯村

骨＝蓝＝子 [ku²¹lã²⁴tsɿ⁰]

"骨＝蓝＝子"分"软面骨＝蓝＝子"[ʐuã³³miã⁰ku²¹lã²⁴tsɿ⁰]和"窝面骨＝蓝＝子"[uɤ²¹miã⁰ku²¹lã²⁴tsɿ⁰]两种。"软面骨＝蓝＝子"用不发酵的黍米面制作，可掺杂白面或玉米面，用红豆和枣等做馅儿，揉成圆形蒸制而成。"窝面骨＝蓝＝子"则用玉米面蒸制，做法和配料与"软面骨＝蓝＝子"相同。洪洞在"九月九"重阳节这天要吃"骨＝蓝＝子"，至今还流传着"九月九大家有，软面骨＝蓝＝子包小豆"的俗语。

摊馍馍 [tʰã²¹mo²²mo⁰]

用热米汤将玉米面和成稠糊状，倒在鏊子上摊成小饼，用油煎熟后对折。"添仓"时放置在天地爷、土地爷及水缸处，供奉神灵。现在也作为日常食用的食品。

8-51 ◆侯村

8-52 ◆侯村

279

玖·说唱表演

　　洪洞说唱表演形式丰富多彩，口彩主要博一个言语上的好彩头，禁忌主要表现在对神灵、祖先的敬畏，口彩禁忌更多地表现出洪洞人趋利避害，对美好生活的向往。在长期的日常生产生活中所形成的俗语、谚语、歇后语简练而不乏形象、通俗而不乏哲理，反映出洪洞人勤于观察思考、善于总结凝练的聪明才智。

　　洪洞有数千年的历史文化底蕴，积淀了一批形式多样、特色鲜明的曲艺，如"洪洞道情""干板""洪洞琴书""哭丧调"等。"洪洞道情"，唱腔中吸收了当地的小调，旋律悠扬缠绵，婉曲动听，在当地曾流传着"宁愿不吃一桌席，不能误了道情戏"的说法，说明从清末至今百余年来当地人对这一剧种的倾心热爱。道情中所保留的唱词和道白，保存着当地人百余年的民俗风情和信仰习惯。"干板"又叫"干板腔"，

中国语言文化典藏

起源于晋南一带，因不需要乐器伴奏，表演者在表演时要用无形的节拍，有板有眼的表演而得名，干板调短小精悍、生动活泼、风趣幽默、节奏明快，贴近生活，深受当地人的喜爱。"洪洞琴书"又称"洪洞书调""四音子书""洪洞地方书"，是土生土长的洪洞曲艺形式，表演艺人多为盲人，唱词采用洪洞方言，内容取自生活，通俗易懂，是洪洞民众喜闻乐见的一种曲艺形式。"哭丧调"是丧葬礼仪活动中传唱的曲艺形式，演唱内容多为讲述逝者的生平及对逝者的怀念。本章记录了当地特有的几乎失传的"哭丧调"《福香儿妈哭夫》，哭中有唱，唱中有哭，全用当地方言，听的人深受感染，无不动容。因唱腔调值与方言调值有一定差距，故记录时未加调值；讲述故事及歌谣时，绝大多数使用方言调值，语流音变现象脱落、弱化、合音等比较常见，完全依据讲述人的实际发音记录。

长久 [tʂʰã²²tɕiou⁴²]

　　"久"与"九"谐音。长长久久，主要用于婚姻。

双喜临门 [ʂuã²¹ɕi⁴²lieŋ²⁴meŋ²⁴]

　　结婚时门口、家里、院里及胡同口贴双喜字，双喜临门。

福倒俩 [fu²¹tao²⁴liɑ⁰]

　　"倒"与"到"谐音。福字倒着贴，表示福到了。

蝠 [fu²⁴]

　　"蝠"与"福"谐音。家具上刻蝙蝠，取义"有福"。

麸 [fu²⁴]

　　"麸"与"福"谐音，表示福气。

发 [fɑ²¹]

　　"发面"的"发"与"发财"的"发"同音，平时不借给别人发面，怕被借走财运。

年年有鱼 [n̠iã²²n̠iã⁰iou²¹y²⁴]

　　"鱼"与"余"谐音。过年时鱼不吃完，以示年年有余。

添筷子 [tʰiã²¹kʰuai⁵³tsʅ⁰]

　　"筷"与"快"谐音。搬新家时要添筷子、起发面，寓意人丁兴旺，财运亨通。

长生 [tʂʰɑ²⁴seŋ⁰]

过年时吃花生，寓意长生。

百岁儿 [pɛ⁴⁴suər⁰]

小孩出生百天叫"百岁儿"，希望孩子长命百岁。

枣儿 [tsɑor³³]

"枣"与"早"谐音。结婚时，男方请男全人将被褥铺好后将核桃、枣、桂圆、花生、瓜子等摆成"早生贵子"字样，希望早日添丁。

不在了 [pu²¹tsʰɑi⁴⁴lɛ⁰]

对老人去世的委婉说法。

没了 [mu²²lɛ⁰]

对儿童或年轻人去世的委婉说法。

樗木 [tɕʰy²¹mu⁰]

臭椿树。因"樗"与"屈"[tɕʰy²¹]同音，院中一般不种臭椿树，多在茅房处栽种。

不分梨儿 [pu²¹feŋ⁰liər²⁴]

"梨"与"离"[li²⁴]同音。不分离。

一九二九不出手；[i²¹tɕiou⁰ər²¹tɕiou⁴²pu²¹tʂʰu²¹ʂou⁴²]

三九四九冰上走；[sã²¹tɕiou⁰sʅ²²tɕiou⁴²pieŋ²¹ʂã⁰tsou⁴²]

五九六九黄河水流；[u²¹tɕiou⁰ly²¹tɕiou⁴²xuã²²xo⁰ʂuei³³liou⁰]

七九八九抄花头拍手；[tɕʰi²¹tɕiou⁰pa²¹tɕiou⁴²tsʰao²¹a⁰tʰou⁰pʰɛ²¹ʂou⁴²] 抄花头：叫花子

九九八十一，遍地插上犁。[tɕiou³³tɕiou⁰pa²¹sʅ⁰ᵢ²⁴，piã⁴⁴ti⁰tsʰa²¹ʂã⁰li²⁴]

　　数九歌。

沙地种瓜，[sa²¹tʰi⁰tʂueŋ⁴⁴kua²¹]

又甜又沙。[iou²¹tʰiã²⁴iou²¹sa²¹]

　　沙土地适合种瓜，种出来的瓜又甜又沙。

绵土玉米垆土麦 [miã²²tʰu⁰y²¹mi⁰lou²²tʰu⁰mɛ²¹] 绵土：土质疏松的沙质土壤；垆土：土质较硬的土地

　　绵土地适合种玉米，垆土地适合种麦子。

深耕多耙，[ʂeŋ²¹keŋ²¹to²¹pʰa²⁴]

旱涝不怕。[xã⁴⁴lao⁰pu²¹pʰa²⁴]

　　耕得深，多耙地，旱涝保收。

庄稼一枝花，[tʂuã²¹tɕia⁰ᵢ²¹tsʅ⁰xua²¹]

全靠粪当家。[tɕʰyã²⁴kʰao⁵³feŋ⁵³tã²¹tɕia²¹]

　　指种庄稼时施加农家肥可使庄稼长得好，也用来比喻某人或某事物的重要性。

浇水要巧，[tiao²¹ʂu⁰iao²¹tɕʰiao⁴²]

地要整好。[tʰi⁵³iao²²tʂeŋ³³xao⁴²]

　　浇水要巧，田地一定要整好。

好马配好鞍，[xao³³ma⁰pʰei⁴⁴xao³³ŋã²¹]

良种配良方。[liã²²tʂuen⁰pʰei⁴⁴liã²⁴fã²¹]

　　上等马要配上等的马鞍，上等的种子要配上等的耕作方式。

好种出好苗，[xao³³tʂuen²⁴tʂʰu²¹xao⁴²miao²⁴]

好苗产量高。[xao⁴²miao²⁴tsʰã³³liã⁵³kao²¹]

　　上等的种子长出上等的苗，上等的苗产量一定高。

麦盖三床被，[mɛ²¹kai²⁴sã²¹tʂʰuã²⁴pei⁵³]

枕着馒头睡。[tʂeŋ⁴⁴tʂʰɤ⁰mã²²tʰou⁰ʂuei⁵³]

　　冬天雪下得越大，麦子的产量就会越高。

明初一，[mieŋ²⁴tsʰou²¹i²⁴]

暗十五，[ŋã⁵³ʂʅ²²u²⁴]

二十黑了刮风收糜黍。[ər⁴⁴ʂʅ⁰xɤ²¹lou⁰kua²¹feŋ²¹ʂou²¹mi²²ʂu²⁴] 糜黍：黍子

　　如果正月初一天气晴朗、正月十五天气阴沉、正月二十晚上刮风，那么今年的黍子会有好收成。

七月十五花红枣，[tɕʰi⁴⁴yɛ⁰ʂʅ²²u²⁴xua²¹xueŋ⁰tsao⁴²]

八月十五乱打枣。[pa⁴⁴yɛ⁰ʂʅ²²u²⁴lã⁴⁴ta³³tsao⁴²]

　　农历七月十五，枣开始红了；八月十五的时候，就可以收获晾晒了。

天上钩钩儿云，[tʰiã²¹ʂã⁰kou²¹kour⁰yeŋ²⁴]

地上雨淋淋。[tʰi⁵³ʂã⁰y⁴²lieŋ²⁴lieŋ²⁴]

　　天上出现钩状的云，最近就会下雨。

蚂蚁搬家蛇堵道，[ma³³i⁰pã²¹tɕia⁰ʂɤ²⁴tu⁴²tʰao⁵³]

燕子低飞雨就到。[iã⁴⁴tsɿ⁰ti²¹fei⁰y³³tɕiou²¹tao²⁴]

  蚂蚁搬家蛇过道，燕子低飞，这些都是下雨前的征兆。

云绞云，[yeŋ²⁴tɕiao⁴²yeŋ²⁴]

大雨淋。[ta⁵³y⁴²lieŋ²⁴]

  天上出现很多云时，不久就会下大雨。

节气不饶人 [tɕiɛ²⁴tɕʰi⁰pu²¹ʐao²¹ʐeŋ²⁴]

  指农民耕种收割都要按季节，否则将无所收获。

春雨贵如油 [tʂʰueŋ²¹ȵy⁰kuei⁴⁴ʐu²¹iou²⁴]

  指春雨宝贵难得。

瑞雪兆丰年 [ʐuei⁵³ɕyɛ²¹tʂao⁴⁴feŋ²¹ȵiã²⁴]

  指适时的冬雪预示着来年的丰收。

一路神仙一路法 [i²¹lou⁵³ʂeŋ²¹ɕiã²⁴i²¹lou⁵³fa²¹]

  每路神仙都有自己的法力，比喻各行其道，互不干涉。

人不能全，[ʐeŋ²⁴pu²¹neŋ⁰tɕʰyã²⁴]

车不能圆。[tʂʰa²¹pu²¹neŋ⁰yã²⁴]

  人不可能是完人，车也不可能太圆，指万事万物都不可能一帆风顺，十全十美。

十个指头儿不一般 [ʂɿ²⁴kɤ⁰tse³³tʰour⁰pu²¹i²⁴pã²¹]

  十个手指头不一般长，比喻人各有长短。

穷是穷，干是干，[tɕʰyeŋ²⁴sɿ⁵³tɕʰyeŋ²⁴，kã²¹sɿ⁰kã²¹]

星宿不沾月明的光。[ɕyɛ²¹ɕiou⁰pu²¹tʂã⁰yɛ⁴⁴miɛ⁰ti⁰kuã²¹]

  比喻各行其道，互不干涉。

自己脸上的黑自己□不着 [tsʅ²⁴tɕi⁰liã³³ʂã⁰tie⁰xɤ²¹tsʅ²⁴tɕi⁰n̻ia²¹pu²¹tʂʰɤ⁰] □ n̻ia²¹: 看

　　自己脸上的脏自己看不见，比喻自欺欺人。

活人还能得屎尿憋死啊 [xuɤ²⁴zɛŋ²⁴xa²²neŋ⁰tie²¹sʅ³³n̻iao⁵³pie²¹sʅ⁰a⁰]

　　活人不能被屎尿憋死，指遇事要善于随机应变。

咬人的狗儿不露齿 [n̻iao³³zeŋ⁰tie⁰kour³³pu²¹lou⁴⁴tsʰʅ²⁴]

　　咬人的狗不露出牙齿。比喻真正厉害的人，外表是不显露出来的。

弯弯子木头凑合着使唤哩 [uã²¹uã²¹tsʅ⁰mu⁴⁴tʰou⁰tsʰou⁴⁴xuɤ⁰tʂɤ⁰sʅ³³xuã⁵³li⁰]

　　弯木头只能凑合着用，比喻迁就某人或某事。

九月九， [tɕiou³³yɛ⁰tɕiou⁴²]

大家有， [ta⁴⁴tɕia⁰iou⁴²]

软面骨﹦蓝﹦子包小豆。[zuã³³miã⁰ku²¹lã⁰tsʅ⁰pao²¹ɕiao⁴²tʰou⁵³] 软面骨﹦蓝﹦子: 黍米面内包豆馅蒸制而成的食品

　　农历九月九是重阳节，也是老年节。当地要吃"软面骨﹦蓝﹦子"，因其软糯，深受老人喜爱。

是媒不是媒， [sʅ⁵³mei²⁴pu²¹sʅ⁵³mei²⁴]

先吃那﹦七八十来回。[ɕi²¹tʂʰʅ²¹na²¹tɕʰi²¹pa²¹ʂʅ²¹lao²¹xuei²⁴] 那﹦: 第三人称

　　旧时说媒过程繁复，耗费大量财力，还不一定能成功。

木匠离不了斧儿， [mu⁴⁴tɕʰio⁰li²⁴pu²¹liou⁰fur³³]

工匠离不了锤。[kueŋ²¹tɕʰio⁰li²⁴pu²¹liou⁰tʂʰuei²⁴]

　　斧子是木匠最重要的工具，锤子是铁匠最重要的工具。比喻合适的工具在工作时的重要性。

毛女子不出嫁。[mao²⁴n̻y³³tsʅ⁰pu²¹tʂʰu²¹tɕia²⁴]

　　旧时洪洞女子出嫁前要拿交叉的红线去除面部多余的杂眉及汗毛，这是结婚前必需的环节。

黑了不照镜子 [xɤ²²liou⁰pu²¹tsao⁴⁴tɕiɛ⁵³tsʅ⁰] 黑了: 晚上

　　晚上不照镜子，怕照出妖怪。

后晌里不眊人 [xou⁴⁴ʂo⁰li⁰pu²¹mɑo²¹zɤŋ²⁴] 眊: 看望

下午不去探望病人。

初一不出门儿，[tsʰou²¹i⁰pu²¹tʂʰu²¹mɤ̃r²⁴]

十五不回家。[ʂʅ²²u⁰pu²¹xuei²⁴tɕiɑ²¹]

正月初一不出家门，和家人团聚；正月十五要走出家门，出去玩耍。

腊月二十三，[lɑ⁴⁴yɛ⁰ər⁴⁴ʂʅ⁰sɑ̃²¹]

爷爷上了天；[iɑ²²iɑ⁰ʂɑ̃⁴⁴lou⁰tʰiɑ̃²¹]

先生放了假，[ɕiɑ̃²¹seŋ⁰fɑ̃⁴⁴lou⁰tɕiɑ²⁴]

学生出了监。[ɕio²²seŋ⁰tʂʰu²¹lou⁰tɕiɑ̃²¹]

腊月二十三各路神仙上天后，便拉开了过年序幕，学生、老师们开始放寒假。

腊月二十七八儿，[lɑ⁴⁴yɛ⁰ər⁴⁴ʂʅ⁰tɕʰi²¹pɐr²¹]

逼的没法儿，[pi²¹ti⁰mu²²fɐr²¹]

城里□看画儿。[tʂʰeŋ²⁴li⁰kʰei⁰kʰɑ̃²¹xuɐr⁵³] 里□ [kʰei⁰]: 里面

指旧时年关没钱还债，只能去城里看卖画，实则为躲债。

一窝儿狐子——不嫌骚 [i²¹uɤr²¹xu²²tsʅ⁰—pu²¹ɕiɑ²⁴sɑo²¹] 狐子: 狐狸

比喻坏人与坏人混在一起，臭味相投，互不嫌弃。

本条及以下为歇后语。

十八亩地里一苗蒿——独苗儿 [ʂʅ²⁴pɑ²¹mu⁴²tʰi⁵³li⁰i²¹miɑo²⁴xɑo²¹—tu²⁴miɑor²²]

比喻独领风骚。

木匠斧儿——一面儿科 [mu⁴⁴tɕʰio⁰fur³³—i²²miɐr⁰kʰuɤ²¹] 科: 敲打

木匠使用的斧子的斧刃一边是斜的，一边是直的，使用时，直的那面对着木头才能砍出平整的面。比喻偏听偏信，做事不公，处理问题时不能客观对待。

聋子的耳朵儿——听不见 [leŋ²²tsɿ⁰ti⁰ər³³tuɤr⁰—tʰiɛ²¹pu²¹tɕiã⁰]

比喻光有形式，没有实际用途。

安泽的县长——管得宽 [ŋã²¹tsɤ⁰ti⁰ɕiã⁴⁴tʂã⁰—kuã³³tiɛ⁰kʰuã²¹]

比喻爱管闲事。

老虎的屁股——摸不得 [lao⁴²xu⁰ti⁰pʰi⁴⁴ku⁰—mo²¹pu²¹tiɛ⁰]

比喻自以为了不起，不容他人触犯。

纸糊的窗子——一捅就破 [tsɿ⁴²xu²²ti⁰tʂʰuɤ²¹tsɿ⁰—i²⁴tʰuen⁴²tɕʰiou²¹pʰo²⁴]

比喻事情经不住推敲。

驴娃儿粪蛋儿——外面儿光 [ly²²uɐr⁰feŋ⁵³tʰɐr⁵³—uɑi²⁴miɐr⁰kuã²¹]

表面上光洁，形容虚有其表。

剃头担子——一头儿热 [tʰi⁴⁴tʰou⁰tã⁵³tsɿ⁰—i²¹tʰour²⁴zɤ²¹]

比喻一方非常热情，而对方却无动于衷。

一溜黑狗，[i²⁴liou⁵³xɤ²¹kou⁴²]

打死不走。——炕棱砖儿 [ta³³sɿ⁰pu²¹tsou⁴²—kʰo⁵³leŋ⁰tʂuɐr²¹] 炕棱砖儿：砌在炕沿处的砖

本条及以下为谜语。

一个门墩，[i²⁴kɤ⁰men²²tueŋ⁰]

七个窟窿。——的ʺ脑 [tɕʰi²¹kɤ⁰ku²¹leŋ⁰—tɤ²¹nao⁰] 窟窿："孔"的分音词，指两只眼睛、两个鼻孔、两只耳朵、一张嘴巴；

的ʺ脑：头

上边儿毛，[ʂã⁴⁴piɐr⁰mao²⁴] 毛：眼睫毛

下边儿毛，[ɕiã⁴⁴piɐr⁰mao²⁴]

中间一个黑葡萄。——眼窝 [tʂuen²¹tɕiã⁰i²¹kɤ⁰xɤ²¹pu²¹tʰao²⁴—ȵiã²⁴uɤ²¹] 眼窝：眼睛

脚踩哩，[tɕiɛ²¹tsʰɑi³³li⁰]

手扳哩，[ʂou³³pã²¹li⁰]

吱儿呕儿地下山哩。——织布机 [tsʅər²¹ŋour²¹ti⁰xɑ⁴⁴sã⁰li⁰—tʂʅ²¹pu⁰tɕi²¹] 吱儿呕儿：拟声词，织布时的声音

　　形容织布时的情形。

地知天不知，[ti⁵³tsʅ²¹tʰiã²¹pu²⁴tsʅ²¹]

我知你不知。——破鞋底儿 [uɤ²⁴tsʅ²¹n̠i⁴²pu²⁴tsʅ²¹—pʰo⁵³xɑi²⁴tiər⁰]

一个老头儿八十八，[i²¹kɤ⁰lao³³tʰour⁰pa²¹ʂʅ⁰pa²¹]

的＂脑里顶个铁疙瘩。——火杵 [tɤ²¹nao⁰li⁰tieŋ³³kɤ⁰tʰiɛ⁴⁴kɤ²¹ta⁰—xuɤ⁴²tʂʅ⁰] 火杵：铁制捅火工具（见图 2-7）

半天里俩个柳罐，[pã⁴⁴tʰiã⁰li⁰lia³³ɑi⁰liou²⁴kuã²¹] 半天里：半空中

娃娃见了喜欢。——默＂默＂[ua²²ua⁰tiã⁴⁴lou⁰ɕi²⁴xuã²¹—mɛ⁴⁴mɛ⁰] 默＂默＂：乳房

一个老头儿八十八，[i²¹kɤ⁰lao³³tʰour⁰pa²¹ʂʅ⁰pa²¹]

老得豆腐咬不下，[lao³³ti⁰tʰou⁴⁴fu⁰n̠iao³³pu⁰xɑ⁰]

咯吱咯吱吃黄瓜。——擦子 [kɤ²¹tsʅ⁰kɤ²¹tsʅ⁰tʂʅʰʅ²¹xuɤ²¹kua²⁴—tsʰɑ⁴⁴tsʅ⁰] 擦子：一种炊具（见图 2-27）

纸糊的窗子，[tsʅ⁴²xu²²ti⁰tʂʰuɤ²¹tsʅ⁰]

纸糊的舍，[tsʅ⁴²xu²²ti⁰ʂa²¹] 舍：房子

谁家的娃娃颠倒挂。——蜂窝 [ʂu²²xa⁰ti⁰ua²²ua⁰tiã²¹tao⁵³kua²⁴—feŋ²¹uɤ⁰]

知圪了知圪了别吼俩，[tsʅ²¹kɤ⁰lio⁰tsʅ²¹kɤ⁰lio⁰piɛ²⁴xou⁴²liɑ⁰] _{知圪了：知了；吼：叫}
棉的夹的都有俩。[miɑ̃²²ti⁰tiɑ⁴⁴ti⁰tu²¹iou³³liɑ⁰]

　　歌谣。告诫勿贪心。

瞌瞌［去吧］，倒倒［去吧］，[kʰɤ²¹kʰɤ⁰tɕiɑ⁰，tao²¹tao⁰tɕiɑ⁰] _{瞌瞌、倒倒：睡觉}
山里打个猫猫［去吧］。[sɑ̃²¹li⁰tɑ⁴²kɤ⁰mao²²mao⁰tɕiɑ⁰] _{猫猫：野猫}

　　童谣。哄小孩入睡时唱。

对，对，对花片儿，[tuei⁵³，tuei⁵³，tuei²⁴xuɑ²¹pʰiɐr⁰]
花片叶儿二百八，[xuɑ²¹pʰiɑ̃⁰iɐr⁵³ər⁴⁴pai⁰pɑ²¹]
俩个小鬼儿跪下吧。[liɑ³³kɤ⁰ɕiao³³kuər⁰kuei⁴⁴xɑ⁰pɑ⁰] _{小鬼儿：对小孩的爱称}

　　童谣。小孩玩游戏时唱。

春雨惊春清谷天，[tʂʰueŋ²¹ny³³tɕieŋ²¹tʂʰueŋ²¹tɕʰieŋ²¹ku²¹tʰiɑ̃²¹]
夏满芒夏暑连天，[ɕia⁵³mɑ̃²⁴mɑ̃²⁴ɕia⁵³ʂu³³liɑ̃²⁴tʰiɑ̃²¹]
秋处露秋寒霜节，[tɕʰiou²¹tʂʰu³³lou⁵³tɕʰiou²¹xɑ̃²⁴ʂuɑ̃²¹tɕiɛ²¹]
冬雪雪冬小大寒。[tueŋ²¹ɕyɛ²¹ɕyɛ²¹tueŋ²¹ɕiao³³tɑ⁵³xɑ̃²⁴]

　　节气歌。

金圪料＝金圪料＝炸一炸，[tɕieŋ²¹kɤ²¹lio⁰tɕieŋ²¹kɤ²¹lio⁰tsɑ⁵³i²¹tsɑ⁵³] _{金圪料：金蝉}
䅟黍苗儿挖一挖。[tʰao⁴⁴ʂu⁰miaor²²uɑ²¹i⁰uɑ²¹] _{䅟黍：玉米}
你死［去吧］，我活［去吧］，[n̠i⁴²sʅ²⁴tɕiɑ⁰，ŋɤ⁴²xuɤ²²tɕia²⁴]

丢下你小辫儿喂狼 [去吧]。[tiou²¹xaɤ⁰n̥i³³ɕiao⁴²piɐɻ⁵³uei⁴⁴lo⁰tɕia²⁴]

    童谣。小孩嬉闹时唱。

疙瘩疙瘩散了，[kɤ²¹taⁿ⁰kɤ²¹taⁿ⁰sã⁴⁴lou⁰]

不得爸爸爷爷见了。[pu⁴⁴tiɛ⁰pa⁴⁴pa⁰ia²²ia⁰tiã⁴⁴lou⁰]

    童谣。小孩身上起疙瘩时说，想让疙瘩赶快散去。

门关儿门关儿当啷啷，[meŋ²²kuɐɻ⁰meŋ²²kuɐɻ⁰tã⁴²lã²²lã⁰]

狗儿吼得汪汪汪。[kouɻ³³xou⁴²ti⁰uã⁵³uã⁰uã⁰]

堂门外些兀谁呢？ [tʰã²²meŋ⁰uei⁴⁴ɕiɛ⁰uɤ⁵³ʂu²⁴nɤ⁰] 堂门：临街的大门；兀：远指代词，相当于普通话的“那”

赵县城里那＂姐夫。[tʂʰao⁵³ɕiã⁰tʂʰeŋ²²li⁰na²¹tɕia³³fu⁰] 那＂：第三人称代词

那＂姐夫，快上炕，[na²¹tɕia³³fu⁰，kʰuai²⁴ʂo²¹kʰo²⁴]

赶快和你馏馍馍，[kã³³kʰuai⁰xo²¹n̥i²¹liou⁴⁴mo²²mo⁰] 馏：用蒸汽将食物加热

炒菜蒸馍馍。[tsʰao⁴²tsʰai²⁴tʂɤ²¹mo²²mo⁰]

    歌谣。描述了家里来亲戚时的场景。

线板儿线板儿歪歪，[ɕiã⁴⁴pɐɻ⁰ɕiã⁴⁴pɐɻ⁰uai²¹uai⁰]

桃花菊花开开。[tʰao²²xua⁰tɕy²²xua⁰kʰai²¹kʰai⁰]

开几朵，[kʰai²¹tɕi³³tuɤ⁰]

开三朵，[kʰai²¹sã²¹tuɤ⁰]

姑娘一朵我一朵。[ku²¹n̥iã⁰i²⁴tuɤ⁰ŋɤ³³i²⁴tuɤ⁰]

丢下一朵闹秧歌，[tiou²¹xa⁰i²⁴tuɤ⁰nao⁴⁴iã²¹ko⁰] 丢：剩

秧歌秧歌别走哩，[iã²¹ko⁰iã²¹ko⁰piɛ²⁴tsou³³li⁰]

桃花女儿，[tʰao²²xua⁰n̥yɐɻ⁰]

打扮哩，[ta³³pã⁰li⁰]

红裙裙，[xueŋ²²tɕʰyeŋ²²tɕʰyeŋ⁰]

蓝衫衫，[lã²⁴sã²¹sã⁰]

坐上个轿儿里圪闪闪。[tsʰuɤ⁵³ʂo⁰kɤ⁰tʰiaoɻ⁵³li⁰kɤ²¹ʂã³³ʂã⁰] 圪闪闪：摇摇晃晃

    歌谣。小孩玩耍时说唱。

梅ᵊ锦ᵊ葛ᵊ，□□葛ᵊ，[mei²²tɕieŋ⁰ko²¹，nã²²nã⁰ko²¹] 梅ᵊ锦ᵊ葛ᵊ、□□葛ᵊ：当地的两种植物，似蒲公英，具体不详

拴了门的打老婆。[ʂuã²¹lou⁰meŋ²²ti⁰tɑ⁴²lɑo³³pʰo⁰]

打得老婆为什么？[tɑ⁴²ti⁰lɑo³³pʰo⁰uei⁴⁴ʂeŋ²²mɑ⁰]

锅儿碗儿不抹刷，[kuɤr²¹uɐr⁴²pu²¹mɑ⁴⁴ʂuɑ⁰] 抹刷：洗刷

抹布跌的炉窝里。[mɑ²¹pu⁰tiɛ²¹ti⁰lou²⁴uɤ²¹li⁰] 炉窝：炉子下方的小口，用于掏取燃烧残渣等

老鼠㕸的圪坨里。[lɑo³³ʂu⁰tɕʰien⁵³ti⁰kɤ²¹tʰuɤ⁰li⁰] 㕸：吐；圪坨：小坑

圪坨呢？草遮了。[kɤ²¹tʰuɤ⁰nɤ⁰？ tsʰɑo⁴²tʂa²¹lɛ⁰]

草呢？牛吃了。[tsʰɑo³³nɤ⁰？ ȵiou²²tʂʰʅ²¹lɛ⁰]

牛呢？上了山了。[ȵiou²²nɤ⁰？ ʂo⁴⁴lou⁰sã²¹lɛ⁰]

山呢？雪盖了。[sã²¹nɤ⁰？ ɕyɛ³³kai²⁴lɛ⁰]

雪呢？化成水了。[ɕyɛ³³nɤ⁰？ xuɑ⁵³tʂʰeŋ²⁴ʂu⁴²lɛ⁰]

　　歌谣。小孩玩耍时说唱。

三婶子呀不要拉，[sã ʂeŋ tsʅ ia pu iao la]

得我把我的福香儿那ᵇ爸冤枉寒惨吼一下呦。[tei ŋɤ pa ŋɤ ti fu ɕiɛr na pa yã uã xã tsʰã xou i xa
    iou] 得：让

我本是张家门里一枝儿花，[ŋɤ peŋ sʅ tʂã tɕia meŋ li i tsʅɚr xua]

苦根苦叶儿苦蔓子儿上爬。[kʰu keŋ kʰu iɛr kʰu vã tsʅɚr ʂo pʰa]

筲帚把子儿圪垯ᵇ垯ᵇ，[tʰiao tʂu pa tsʅɚr kɤ tuɤ tuɤ] 圪垯ᵇ垯ᵇ：磨圆的筲帚把子

我默ᵇ就养了我独自个呦。[ŋɤ mɛ tɕiou io liao ŋɤ tʰu tsʅ kɤ iou] 默ᵇ：母亲

三个生儿上离了爸，[sã uai sɛr ʂo li liou pa] 三个生儿：三岁

九个生儿上我少了姐。[tɕiou uai sɛr ʂo ŋɤ ʂao liou tɕia] 姐：母亲

哥嫂待我也不差，[kɤ sao tai ŋɤ ia pu tsʰa]

心里觉撒ᵇ恓惶就泪儿啪嚓呦。[ɕieŋ li tio sa ɕi xuɤ tɕiou lyɚr pʰa tsʰa iou] 觉撒ᵇ：觉得；恓惶：可怜

一十三上童养到了董家，[i ʂʅ sã ʂo tʰueŋ io tao liou tueŋ tɕia]

一十五上梳头绾了疙瘩。[i ʂʅ u ʂo sou tʰou uã liou kɤ ta]

一十六上公婆二老撒了手，[i ʂʅ ly ʂo kueŋ pʰo ɚ lao sa liao sou] 撒了手：去世

一十七上我就主事当了家。[i ʂʅ tɕʰi ʂo ŋɤ tɕʰiou tʂu sʅ tã liou tɕia]

一十八上怀上我的亲疙瘩，[i ʂʅ pa ʂo xuai ʂo ŋɤ ti tɕʰieŋ kɤ ta] 亲疙瘩：对小孩的爱称

一十九上养下我的福香儿娃。[i ʂʅ tɕiou ʂo io xa ŋɤ ti fu ɕiɛr ua]

小屁屁儿呀，小眼眼儿，[ɕiao pʰi pʰiɚr ia, ɕiao ȵiã ȵiɚr] 小屁屁、小眼眼：对孩子的爱称

我的娃就［就样］一点点儿。[ŋɤ ti ua tɕʰiou tʂã i tiã tiɚr]

亲疙瘩呦，痒疙瘩，[tɕʰieŋ kɤ ta iou, io kɤ ta] 痒疙瘩：对小孩的爱称

我的娃和那＝爸可像死俩。[ŋɤ ti ua xɤ na pa kʰɤ ɕio sɿ lia]

实指望光景儿越过越热火，[ʂɿ tsɿ uã kuã tɕiə̃r ye kuɤ ye zɤ xuɤ] 光景：日子

不寻思我二十一上守了寡呦！[pu ɕieŋ sɿ ŋɤ ər ʂɿ i ʂã ʂou liou kua iou]

三婶子呀不要拉，[sã ʂeŋ tsɿ ia pu iao la]

得我把我的冤枉寒惨说一下。[tei ŋɤ pa ŋɤ ti yã uã xã tsʰã ʂuɤ i xa]

我双手推开你西舍儿的门，[ŋɤ ʂuã ʂou tʰuei kʰei ni ɕi ʂɐr ti meŋ]

光见兀个铺盖儿不见人。[kuã tiã uɤ kɤ pʰu kɐr pu tiã zeŋ] 兀个：那个

吹了灯觉撒＝你在哩，[tʂʰu liou teŋ tio sa ni tsʰai li]

摸揣了下心疼的我不来＝哩呦。[mo tsʰuai liou xa ɕieŋ tʰeŋ ti ŋɤ pu lai li iou] 摸揣：抚摸；不来："摆"的分
   音词

我见了一个花花儿蛇，[ŋɤ tiã liou i kɤ xua xuɐr ʂa]

想起我的福香儿爸那个梨花儿牙。[ɕiã tɕʰi ŋɤ ti fu ɕiɐr pa na kɤ li xuɐr ia] 梨花儿牙：形容牙齿白

枕头儿上拍个圪窝儿，[tʂeŋ tʰour ʂo pʰɛ kɤ kɤ uɤr] 圪窝儿：小坑

想起我的福香儿爸那个模样儿。[ɕiã tɕʰi ŋɤ ti fu ɕiɐr pa na kɤ mu ior]

铺下被子泪哗哗，[pʰu xa pʰi tsɿ lei xua xua]

想起你和我说的那疙瘩悄悄话儿呦。[ɕiã tɕʰi ni xo ŋɤ ʂuɤ ti na kɤ ta tɕʰiao tɕʰiao xuɐr iou]

三婶子呀不要拉，[sã ʂeŋ tsɿ ia pu iao la]

得我把我的光景儿说一下：[tei ŋɤ pa ŋɤ ti kuã tɕiə̃r ʂuɤ i xa]

我的光景儿不用提，[ŋɤ ti kuã tɕiə̃r pu yeŋ tʰi]

二十亩水地一条儿渠。[ər ʂɿ mu ʂu tʰi i i tʰiaor tɕʰy]

小伙子儿精干又利撒，[ɕiao xuɤ tsɿ ɐr tɕieŋ kã iou li sa] 利撒：利落

[那一] 帮汉子 [人家] 挺神气。[nei pã xã tsɿ n̠ia tʰieŋ ʂeŋ tɕʰi]

又白净又秀气，[iou pʰɛ tɕʰiɛ iou ɕiou tɕʰi]

双圪棱眼窝 [人家] 瞪瞪儿的。[ʂuɤ kɤ leŋ n̠iã uɤ n̠ia teŋ tɤr ti] 双圪棱：双眼皮

黑密的辫子儿朴刀儿眉，[xɤ mi ti pʰiã tsɿ ɐr pʰo taor mi]

就是 [人家] 生了圪节怪脾气呦。[tɕiou sɿ n̠ia ʂeŋ liou kɤ tɕie kuai pʰi tɕʰi iou]

福香儿那＝爸不要走，[fu ɕiɐr na pa pu iao tsou]

得我把我的冤枉和你诉。[tei ŋɤ pa ŋɤ ti yã uã xo n̦i sou]

我得你念书学手艺，[ŋɤ tei n̦i n̦iã ṣu ɕio ṣou i]

你一心想起了挣钱去；[n̦i i ɕieŋ ɕiã tɕʰi liou tseŋ tɕʰiã tɕi]

我得你受苦做庄稼，[ŋɤ tei n̦i ṣou kʰu tṣ tṣuɤ tia]

你一心想起了赶官儿车。[n̦i i ɕieŋ ɕiã tɕʰi liou kã kueɤ tṣʰa]

提起大车儿花钱儿多，[tʰi tɕʰi ta tṣʰeɤ xua tɕʰieɤ to]

怕咱的光景儿全尽上。[pʰa tsa ti kuã tɕiõɤ tɕʰyã tɕieŋ ṣo]

好水地卖了八亩八，[xao ṣu ti mai liou pa mu pa]

合心如意打了一挂四套车呦。[xɤ ɕieŋ zu i ta liou i kua sɿ tʰao tṣʰa iou] 挂：辆

朱红的脚子呀，米黄的厢儿，[tṣu xueŋ ti tɕie tsɿ ia，mi xuɤ ti ɕioɤ]

辕里驾的四个大青骡儿。[yã li tia ti sɿ kɤ ta tɕʰie loɤ]

里套儿骡子外套儿马，[li tʰaoɤ lo tsɿ uai tʰaoɤ ma]

的‴脑上都把兀个红缨子儿扎。[ti nao ṣo tu pa uɤ kɤ xueŋ ieŋ tsʅɤ tsa] 的‴脑：头

串铃儿响得哗哗哗，[tṣʰuã liõɤ ɕio ti xua xua xua]

一 [提溜‴] 起鞭子就舍不得打呦。[i tʰiou tɕʰi piã tsɿ tɕiou ṣa pu ti ta iou]

我和你烟包儿上吊火镰，[ŋɤ xo n̦i iã paoɤ ṣo tiao xuɤ liã] 和：给；吊：挂；火镰：打火石

图你在路儿上挡风寒。[tʰu n̦i tsʰai louɤ ṣo tã feŋ xã]

手巾儿上和你绣的花，[ṣou tɕiõɤ ṣo xo n̦i ɕiou ti xua]

图你在人前把我夸。[tʰu n̦i tsʰai zeŋ tɕʰiã pa ŋɤ kʰua]

我和你做的小连褂儿，[ŋɤ xo n̦i tsɿ ti ɕiao liã kueɤ]

前头后头的压狗牙儿。[tɕʰiã tʰou xou tʰou ti n̦ia kou n̦ieɤ]

千层鞋底儿缩疙瘩儿纳，[tɕʰiã tsʰeŋ xai tieɤ uã kɤ teɤ na]

不答应一声的福香儿爸呦。[pu ta iɛ i ṣɤ ti fu ɕieɤ pa iou]

北岸子你翻过了灵石山，[pu ŋã tsɿ n̦i fã kuɤ liou lieŋ ṣʅ sã] 北岸子：北边

南岸儿你下到安邑川。[nã ŋeɤ n̦i xa tao ŋã i tṣʰuã]

沿路儿上受苦又受难，[iã louɤ ṣo ṣou kʰu iou ṣou nã]

你忍饥挨饿我心酸。[n̦i zeŋ tɕi n̦ai ŋo ŋɤ ɕieŋ suã]

中国语言文化典藏

到了兀窑子里坡地哩，[tao lɤ uɤ iao tsʅ li pʰo tʰi li]

你睡下一条不起哩。[n̠i ʂu xa i tʰiao pu tɕʰi li]

车儿房和咱做下唠叨，[tʂʰɐr fã xɤ tsa tsʅ xa lao tao] 唠叨：祸事

把你兀的゠脑压得响了炮呦。[pa n̠i uɤ ti nao n̠ia ti ɕio liou pʰao iou]

我双手推开咱西舍儿的门，[ŋɤ ʂuɤ ʂou tʰuei kʰei tsa ɕi ʂɐr ti meŋ] 西舍儿：西房

光见兀个铺盖儿不见人。[kuã tiã uɤ kɤ pʰu kɐr pu tiã ʐeŋ]

吹了灯觉撒゠你在哩，[tʂʰu liou teŋ tio sa n̠i tsʰai li]

摸揣了下心疼的我不゠来゠哩呦。[mo tʂʰuai liou xa ɕien tʰeŋ ti ŋɤ pu lai li iou]

我到炭仓儿里铲炭去，[ŋɤ tao tʰã tsʰor li tsʰã tʰã tɕʰi]

想起我的福香儿那゠爸能干的；[ɕiã tɕʰi ŋɤ ti fu ɕier na pa neŋ kã ti]

我到水瓮儿里舀水去，[ŋɤ tao ʂu uɔ̃r li iao ʂu tɕi]

想起我的福香儿那゠爸受苦的；[ɕiã tɕʰi ŋɤ ti fu ɕier na pa ʂou kʰu ti]

我到面瓮儿里掫面去，[ŋɤ tao miã uɔ̃r li ua miã tɕi] 掫：舀

想起我的福香儿那゠爸流汗的；[ɕiã tɕʰi ŋɤ ti fu ɕier na pa liou xã ti]

我到油罐儿里撩゠油去，[ŋɤ tao iou kuɐr li liao iou tɕʰi] 撩゠：盛

想起我的福香儿那゠爸能行的；[ɕiã tɕʰi ŋɤ ti fu ɕier na pa neŋ ɕieŋ ti]

我到盐罐儿里抓盐去，[ŋɤ tao iã kuɐr li tʂua iã tɕʰi]

想起我的福香儿那゠爸挣钱的呦。[ɕiã tɕʰi ŋɤ ti fu ɕier na pa tseŋ tɕʰiã ti iou]

三婶子呀去兀里挪，[sã ʂeŋ tsʅ ia tɕʰi uɤ li nuɤ]

不得我的额水不涕溅到了你鞋上。[pu tei ŋɤ ti xã ʂu pu tʰi tɕiã tao liou n̠i xai ʂo] 额水：口水；不涕：鼻涕

我穿得一身儿白白的，[ŋɤ tʂʰuã ti i ʂɔ̃r pʰɛ pʰɛ ti]

把我的娃吓得默默地。[pʰa ŋɤ ti ua xa ti mɛ mɛ ti] 默默地：悄悄地

福香儿我娃不要怕，[fu ɕier ŋɤ ua pu iao pʰa]

你爸死了有你妈。[n̠i pa sʅ liou iou n̠i ma]

福香儿我娃不要吼，[fu ɕier ŋɤ ua pu iao xou] 吼：哭

你爸死了默゠不走。[n̠i pa sʅ liou mɛ pu tsou]

得默゠改 [一个] 了年轻的，[tei mɛ kai iɛ liou n̠iã tɕʰieŋ ti] 改：出嫁

299

任那ᵘ独自掏钱儿换新的。[ʐɛŋ na tu tsʅ tʰao tɕʰiɐr xuã ɕieŋ ti]

得默ᵘ改 [一个] 了年老的，[tei mɛ kai iɛ liou ȵiã lao ti]

你默ᵘ的岁末ᵘ儿我还小哩。[ȵi mɛ ti ɕy mor ŋɤ xã ɕiao li] 岁末ᵘ儿: 岁数

青皮子核桃红皮子儿蒜，[tɕʰiɛ pʰi tsʅ kɤ tʰao xueŋ pʰi tsʅər suã]

你不该把我搁到这二斤半。[ȵi pu kai pa ŋɤ kɤ tao tʂɤ ər tɕieŋ pã]

小酸枣儿，红蛋蛋儿，[ɕiao suã tsaor, xueŋ tʰã tʰɐr]

你不该把我闪到这沟畔畔儿。[ȵi pu kai pa ŋɤ ʂã tao tʂɤ kou pʰã pʰɐr] 闪: 没有预料地丢下

年时穿的红鞋扎菊花，[ȵiã sʅ tʂʰuã ti xueŋ xai tsa tɕy xua] 年时: 去年

今年穿的白鞋我守了寡呦。[tɕieŋ ȵiã tʂʰuã ti pʰɛ xai ŋɤ ʂou liou kua iou]

心硬的福香儿爸，[ɕieŋ ȵiɛ ti fu ɕiɐr pa]

你留下这娘们俩个怎么活呀。[ȵi liou xa tʂɤ ȵio meŋ lia uai tseŋ ma xuɤ ia]

你不要独自个儿受熬煎，[ȵi pu iao tʰu tsʅ kɤr ʂou ŋao tɕiã]

咱总有一天要团圆。[tsa tsueŋ iou i tʰiã iao tʰuã yã]

我活着是你董家的人，[ŋɤ xuɤ tʂʅ sʅ ȵi tueŋ tɕia ti ʐɛŋ]

我死了入你董家的坟。[ŋɤ sʅ liou zu ȵi tueŋ tɕia ti feŋ]

福香儿我娃快长大，[fu ɕiɐr ŋɤ ua kʰuai tʂã ta]

你□这娘们俩个以后怎么活呀。[ȵi ȵia tʂɤ ȵio meŋ lia uai i xou tseŋ ma xuɤ ia] □ [ȵia]: 看

这是洪洞特有的几乎失传的"哭丧调"《福香儿妈哭夫》，由赵城镇侯村申建安演唱，运用凄婉的唱腔，讲述了一位寡妇哭诉着和丈夫一起生活的点点滴滴，哭中有唱，唱中有哭，听的人深受感染，无不动容。

牛郎和织女 [ȵiou²¹lã²⁴xuɤ²⁴tʂɿ²¹ȵy⁰]

从前这里啊有一个小伙子，[tsʰueŋ²⁴tɕʰiã²⁴tʂɤ⁵³li⁰a⁰iou⁴²i²¹kɤ⁰ɕiao⁴²xuɤ³³tsɿ⁰]

就是呢居下呢特别穷，[tɕiou²¹sɿ⁵³nɤ⁰tɕy²¹xa⁰nɤ⁰tʰiɛ²¹piɛ²⁴tɕʰyeŋ²⁴] 居下：家里

爸默ᵘ都死啊。[pa⁴⁴mɛ²⁴tou²¹sɿ⁴²liã⁰] 啊：语气词

［这下］呢，就是有一头牛，[tʂa²¹nɤ⁰, tɕiou²¹sɿ⁵³iou⁴²i²¹tʰou²⁴ȵiou²⁴]

有一头老牛，[iou⁴²i²¹tʰou²⁴lao²¹ȵiou²⁴]

就是和牛为伴儿，[tɕiou²¹sɿ⁵³xɤ²⁴ȵiou²⁴uei²⁴pɐr⁵³]

村里人呢都叫他，[tʂʰueŋ²¹li⁰zeŋ²⁴nɤ⁰tou²¹tɕiao⁵³tʰa²¹]

就说他是个牛郎。[tɕiou⁵³ʂuɤ²¹tʰa²¹sɿ⁵³kɤ⁰ȵiou²⁴lã²⁴]

这牛郎呢，[tʂɤ⁵³ȵiou²⁴lã²⁴nɤ⁰]

一天里的和这牛呢就是耕地，[i²¹tʰiã⁰li⁰tɤ⁰xuɤ²⁴tʂɤ⁵³ȵiou²⁴nɤ⁰tɕiou²¹sɿ⁵³tiɛ²¹tʰi⁵³]

种庄稼，就是干这活哩。[tʂueŋ⁴⁴tʂuã²¹tɕia⁰, tɕiou⁴⁴sɿ⁰kã⁴⁴tʂɤ⁴⁴xuɤ²²li⁰]

这牛郎呢特别勤劳，也善良，[tʂɤ²¹ȵiou²⁴lã²⁴nɤ⁰tʰiɛ²¹piɛ²⁴tɕʰieŋ²⁴lao²², iɛ³³ʂã⁵³liã²⁴]

［这下］老牛呢，实际上是头神牛。[tʂa²¹lao⁴²ȵiou²⁴nɤ⁰, ʂɿ²⁴tɕi⁵³ʂã⁰sɿ⁵³tʰou⁰ʂeŋ²⁴ȵiou²⁴]

神牛呢看着这牛郎呢，[ʂeŋ²⁴ȵiou²⁴nɤ⁰kʰã⁵³tʂɤ⁰tʂɤ⁵³ȵiou²⁴lã²⁴nɤ⁰]

比较勤快、勤劳、善良。[pi³³tɕiao⁰ tɕʰieŋ²²kʰuai⁰、tɕʰieŋ²²lao⁰、ʂã⁵³liã²⁴]

就想给他呢办个事儿，[tɕiou⁵³ɕiã⁴²kei³³tʰa²¹nɤ⁰pã⁵³kɤ⁰sɿər⁵³]

就是说是给他成个亲，[tɕiou⁴⁴sɿ⁰ʂuɤ²¹sɿ⁵³kei⁴²tʰa²¹tʂʰeŋ²⁴kɤ⁰tɕʰieŋ²¹]

说个媳妇儿。[ʂuɤ²¹kɤ⁰ɕi²²fur⁰]

［这下］有一天呢，[tʂa²¹iou⁴²i²⁴tʰiã²¹nɤ⁰]

牛郎得知呢，[ȵiou²⁴lã²⁴tiɛ²²tʂɿ⁰nɤ⁰]

天上的七仙女呢，[tʰiã²¹ʂã⁰ti⁰tɕʰi²¹ɕiã²¹ȵy⁴²nɤ⁰]

要到村里的这节水池里呢洗澡去哩，[iɑo⁴⁴tɑo⁰tsʰuɛŋ²¹li⁰ti⁰tʂɤ²¹tɕiɛ⁰ʂuei³³tʂʰʅ⁰li⁰nɤ⁰ɕi³³tsɑo⁴²tɕʰi⁴⁴li⁰]

      这节: 这个

就是说洗澡哩。[tɕiou⁴⁴sʅ⁰ʂuɤ²¹ɕi³³tsɑo⁴²li⁰]

仙女了就托牛郎说，[ɕiɑ²¹n̠y⁴²lɤ⁰tɕiou⁴⁴tʰuɤ²¹n̠iou²⁴lɑ̃²⁴ʂuɤ²¹]

托一个梦，说是呢，[tʰuɤ²¹i²¹kɤ⁰meŋ⁵³, ʂuɤ²¹sʅ⁰nɤ⁰]

明天呀，有这仙女到那儿洗澡去哩，[mieŋ²²tʰiɑ̃⁰iɑ⁰, iou³³tʂɤ⁰ɕiɑ²¹n̠y⁰tɑo²¹nɐr⁵³ɕi³³tsɑo⁴²tɕʰi⁴⁴li⁰]

你去呢，把那⁼的衣服，[n̠i⁴²tɕʰi⁴⁴nɤ⁰, pɑ³³nɑ²¹tɤ⁰i²¹fu⁰]

把那件儿衣服抱上就往回走。[pɑ³³nɑ⁴⁴tɕʰiɐr⁵³i²¹fu⁰pɑo⁵³ʂɑ̃⁰tɕiou⁵³uɑ̃⁴²xuei²⁴tsou⁴²]

［这下］牛郎呢半信半疑的，[tʂɑ²¹n̠iou²⁴lɑ̃²⁴nɤ⁰pɑ̃²¹ɕieŋ²⁴pɑ̃²¹i²⁴ti⁰]

朦朦胧胧地第二天早晨起来呢就去，[meŋ²²meŋ⁰leŋ²²leŋ⁰ti⁰ti⁴⁴ər⁵³tʰiɑ̃²¹tsɑo³³tʂʰeŋ⁰tɕʰi³³lei⁰nɤ⁰tɕiou⁵³
    tɕʰi²⁴]

去了果真有洗澡的这仙女，[tɕʰi⁴⁴lɤ⁰kuɤ⁴²tʂeŋ²¹iou⁴²ɕi³³tsɑo⁴²ti⁰tʂɤ²²ɕiɑ²¹n̠y⁴²]

他拿了一件儿衣裳，[tʰɑ²¹nɑ²⁴lɤ⁰i²¹tɕiɐr⁰i²¹tʂʰɑ̃⁰]

粉红衣裳呢就往回跑，[feŋ³³xueŋ⁰i²¹tʂʰɑ̃⁰nɤ⁰tɕiou⁴⁴uɑ̃³³xuei⁰pʰɑo³³]

跑回来以后，刚黑了着，[pʰɑo³³xuei²²lai⁰i³³xou⁰, kɑ̃²¹xɤ²¹lɤ⁰tʂɤ⁰] 刚黑了着: 天快黑的时候

这有个仙女呢就推开那⁼家的门，[tʂɤ⁴⁴iou⁴²kɤ⁰ɕiɑ²¹n̠y⁰nɤ⁰tɕiou⁵³tʰuei²¹kʰai⁰nɑ²¹tɕiɑ⁰ti⁰meŋ²⁴]

款款儿地就进去，[kʰuɑ̃⁴²kʰuɐr⁰tɤ⁰tɕiou⁴⁴tɕieŋ⁵³tɕʰi⁰] 款款儿: 悄悄地

进去啊，[tɕʰieŋ⁵³tɕʰi⁰liɑ⁰]

和牛郎两个呢，[xo²²n̠iou²⁴lɑ̃²⁴liɑ³³kɤ⁰nɤ⁰]

这就恩恩爱爱地就成了亲。[tʂɤ²¹tɕiou⁵³ŋeŋ²¹ŋeŋ⁰ŋai⁴⁴ŋai⁰ti⁰ tɕiou⁵³tʂʰeŋ²²lou⁰tɕʰieŋ²¹]

成了亲呢以后呢，[tʂʰeŋ²²lou⁰tɕʰieŋ²¹nɤ⁰i³³xou⁰nɤ⁰]

过了一段儿时间呢，[kuɤ⁴⁴lou⁰i²¹tuɐr⁵³sʅ²²tɕiɑ̃⁰nɤ⁰]

人常说，[zeŋ²⁴tʂʰɑ̃²⁴ʂuɤ²¹]

天上是一天，[tʰiɑ̃²¹ʂɑ̃⁰sʅ⁴⁴i²⁴tʰiɑ²¹]

等于天底下的一年，[teŋ³³y⁰tʰiɑ̃²¹ti⁴²xɑ⁰ti⁰i²⁴n̠iɑ²²]

这就过了三四天时间，[tʂʅ²¹tɕiou⁵³kuɤ²⁴lou⁰sɑ̃²¹sʅ⁵³tʰiɑ̃²¹sʅ²²tɕiɑ̃⁰]

实际上这就等于下边儿的三年，[sʅ²²tɕi⁰ʂɑ̃⁰tʂɤ⁰tɕiou⁵³teŋ³³y⁰ɕiɑ²⁴piɐr⁰ti⁰sɑ̃²¹n̠iɑ²⁴]

两个人呢就生了个孩子，[liã³³kɤ⁰ʐeŋ²²nɤ⁰tɕiou⁵³seŋ²¹lou⁰kɤ⁰xai²²tsʅ⁰]

就是生了一男一女。[tɕiou⁴⁴sʅ⁰seŋ²¹lou⁰i²¹nã²⁴i²¹n̩y⁴²]

［这下］呢玉皇大帝呢，[tʂa²¹nɤ⁰y²⁴xuã⁰ta⁴⁴ti⁰nɤ⁰]

就知道那"这个女儿不在家，[tɕiou⁴⁴tʂʅ²¹tao⁰na²¹tʂɤ²¹kɤ⁰n̩yɚr³³pu²¹tsai⁵³tɕiɑ⁰]

就派天兵天将呢，[tɕiou⁵³pʰai⁴⁴tʰiã²¹pieŋ⁰tʰiã²¹tɕiã²⁴nɤ⁰]

就下去寻那"女儿呢，[tɕiou⁴⁴xa⁴⁴tɕʰi⁰ɕieŋ²²na²¹n̩yɚr⁴²nɤ⁰]

找他女儿呢。[tsao²⁴tʰa²¹n̩yər³³nɤ⁰]

找女儿呢，[tsao²⁴n̩yər³³nɤ⁰]

就是又打雷又闪电，[tɕiou⁴⁴sʅ⁰iou⁴⁴ta²¹lei²⁴iou⁴⁴sã³³tiã⁰]

又刮风又下雨，[iou⁴⁴kua²¹feŋ⁰iou⁴⁴ɕia²¹y⁴²]

就把这节仙女呢，[tɕiou⁴⁴pa⁴²tʂɤ⁴⁴tɕiɛ²⁴ɕiã²¹n̩y⁰nɤ⁰]

半夜之中呢就叫到天上去，[pã⁴⁴iɛ⁰tsʅ²¹tʂueŋ⁰nɤ⁰tɕiou⁴⁴tɕiao⁵³tao⁰tʰiã²¹ʂã⁰tɕʰi⁰]

等于是叫回去啦。[teŋ³³y⁰sʅ⁴⁴tɕiao⁵³xuei²²tɕʰi⁰la⁰]

在这个期间呢，[tsʰai⁴⁴tʂɤ⁴⁴kɤ⁰tɕʰi²¹tɕiã²¹nɤ⁰]

这两个孩子呢就哭着叫妈妈，[tʂɤ⁴⁴liã³³kɤ⁰xai²²tsʅ⁰nɤ⁰tɕiou⁴⁴kʰu²¹tʂɤ⁰tɕiao⁵³ma²⁴ma²¹]

这神牛听见啊，[tʂɤ⁴⁴ʂeŋ²⁴n̩iou²⁴tʰieŋ²¹tɕiã⁰lia⁰]

就说是这事情太烦心啊，[tɕiou⁴⁴ʂuɤ²¹sʅ⁵³tʂɤ⁵³sʅ⁴⁴tɕʰieŋ⁰tʰai⁵³fã²⁴ɕieŋ²¹lia⁰]

就和牛郎说，[tɕiou⁴⁴xo²²n̩iou²⁴lã²⁴ʂuɤ²¹]

你把我的角拿下来，[n̩i³³pa⁴²ŋɤ²¹ti⁰tɕio²¹na²⁴ɕia⁴⁴lai⁰]

两个角拿下来，[liã³³kɤ⁰tɕio²¹na²⁴ɕia⁴⁴lai⁰]

就变成筐子啊，[tɕiou²¹piã⁵³tʂʰeŋ²⁴kʰuã²¹tsʅ⁰lia⁰]

变成两个笼筐啊。[piã⁵³tʂʰeŋ²⁴liã³³kɤ⁰leŋ²⁴kʰuã²¹lia⁰]

变成两个筐子，[piã⁴⁴tʂʰeŋ⁰liã³³kɤ⁰kʰuã²¹tsʅ⁰]

你把孩子放到里边儿，[n̩i³³pa⁴²xai²²tsʅ⁰fã⁵³tao⁰li³³pieɾ⁰]

你担上就可以去找她啊。[n̩i³³tã²¹ʂã⁰tɕiou⁵³kʰɤ²¹i⁰tɕʰy⁵³tsao³³tʰa⁰lia⁰]

牛郎呢也是觉得有点儿奇怪，真的，[n̩iou²⁴lã²⁴nɤ⁰ia³³sʅ⁰tɕio²⁴ti⁰iou³³tiɐr⁰tɕʰi²¹kuai²⁴, tʂeŋ²¹ti⁰]

就半信半疑地试了下，[tɕiou⁴⁴pã²¹ɕieŋ²⁴pã⁴⁴n̩i⁰ti⁰sʅ⁴⁴lou⁰xa⁰]

真的，把孩子放到里边儿，[tʂeŋ²¹ti⁰, pa⁴²xai²²tsɿ⁰fã⁴⁴tao⁰li³³piɐr⁰]

把担子一担，[pa⁴²tã⁴⁴tsɿ⁰i²¹tã²¹]

把这两个筐子一担，[pa⁴²tʂɤ⁴⁴liã³³kɤ⁰kʰuã²¹tsɿ⁰i²¹tã²¹]

就慢慢儿走着就飞起来，[tɕiou⁴⁴mã⁴⁴mɐr⁰tsou³³tʂɤ⁰tɕiou⁴⁴fei²¹tɕʰi³³lai⁰]

就腾云驾雾地飞起来。[tɕiou⁴⁴tʰeŋ²²yen⁰tɕia⁴⁴vu⁰ti⁰fei²¹tɕʰi³³lai⁰]

飞起来以后呢，[fei²¹tɕʰi³³lai⁰i³³xou⁰nɤ⁰]

就快看见仙女啊，[tɕiou²¹kʰuai⁵³kʰã⁵³tɕiã⁰ɕiã²¹n̠y⁰lia⁰]

在这个时候呢，王母娘娘，[tsai⁴⁴tʂɤ⁴⁴kɤ⁰sɿ²²xou⁰nɤ⁰, uã²²mu⁰n̠iã²²n̠iã⁰]

人家接她女儿哩，[ər²²na⁰tɕiɛ²¹tʰa²¹n̠yɐr³³li⁰]

她女儿回天宫呢，[tʰa²¹n̠yɐr³³xuei²²tʰiã²¹kueŋ⁰nɤ⁰]

接她女儿哩，[tɕiɛ²¹tʰa²¹n̠yɐr³³li⁰]

结果看见这个牛郎追来啊，[tɕiɛ⁴⁴kuɤ⁰kʰã⁴⁴tɕiã⁰tʂɤ⁴⁴kɤ⁰n̠iou²⁴lã²⁴tʂuei²¹lai⁰lia⁰]

她呢在头上拔了个金簪儿，[tʰa²¹nɤ⁰tsʰai⁴⁴tʰou³³ʂã⁰pʰa²⁴liou⁰kɤ⁰tɕieŋ²¹tsɐr⁰]

再划了一道，[tsai⁴⁴xua²¹liou⁰i²¹tʰao²⁴]

划了这么一下，[xua²¹liou⁰tʂɤ⁴⁴mɤ⁰i²²ɕia⁰]

就划了一条天河。[tɕiou⁴⁴xua²²liou⁰i²²tʰiao⁰tʰiã²¹xo⁰]

这个天河呢特别宽，[tʂɤ⁴⁴kɤ⁰tʰiã²¹xo⁰nɤ⁰tʰiɛ⁴⁴piɛ⁰kʰuã²¹]

两个人呢，[liã³³kɤ⁰ʐeŋ²²nɤ⁰]

就是一个在岸这边儿，[tɕiou⁴⁴sɿ⁰i²¹kɤ⁰tsai⁴⁴ŋã⁵³tʂɤ⁴⁴piɐr⁰]

一个在岸〔那一〕边儿，[i²¹kɤ⁰tsai⁴⁴ŋã⁵³nei⁴⁴piɐr⁰]

这就没法子见面儿啊。[tʂɤ⁴⁴tɕiou⁰mu²⁴fa²¹tsɿ⁰tɕiã⁴⁴miɐr⁰lia⁰]

这个喜鹊儿呢是个好动物么，[tʂɤ⁴⁴kɤ⁰ɕi³³tɕʰior⁰nɤ⁰sɿ⁴⁴kɤ⁰xao³³tueŋ⁴⁴vu⁰mɤ⁰]

这喜鹊儿，[tʂɤ⁴⁴ɕi³³tɕʰior⁰]

咱们这儿说喜鹊儿是个善良的动物，[tsa²²men⁰tʂɤr⁴⁴ʂuɤ²¹ɕi³³tɕʰior⁰sɿ⁴⁴kɤ⁰ʂã⁵³lia²⁴ti⁰tueŋ⁴⁴vu⁰]

喜鹊儿看见这个情形呢，[ɕi³³tɕʰior⁰kʰã⁴⁴tɕiã⁰tʂɤ⁴⁴kɤ⁰tɕʰieŋ³³ɕieŋ⁰nɤ⁰]

就是号召了多少喜鹊儿，[tɕiou⁴⁴sɿ⁰xao²⁴tʂao⁰lao⁰to²¹ʂao⁰ɕi³³tɕʰior⁰]

成千上万的喜鹊儿就在这个天河上呢，[tʂʰeŋ²⁴tɕʰiã²¹ʂã⁴⁴uã⁰ti⁰ɕi³³tɕʰior⁰tɕiou⁴⁴tsai⁵³tʂɤ⁴⁴kɤ⁰tʰiã²¹
    xo⁰ʂã⁵³nɤ⁰]

搭了一座儿喜鹊儿桥，[ta²¹lao⁰i²¹tsuɤr⁵³ɕi³³tɕʰior⁰tɕʰiao²⁴]

这呢牛郎和织女两个呢，[tʂɤ⁴⁴nɤ⁰ɲiou²¹lã²⁴xo³³tʂʅ²¹ɲy⁰nɤ⁰liã³³kɤ⁰nɤ⁰]

就在上面儿就过去就会了一面儿。[tɕiou⁴⁴tsai⁰ʂã⁴⁴miɐr⁰tɕiou⁴⁴kuɤ⁴⁴tɕʰy⁰tɕiou⁴⁴xuei⁵³liou⁰i²¹miɐr⁵³]

每年的这个七月七呢，[mei³³ɲiã⁰ti⁰tʂɤ⁴⁴kɤ⁰tɕʰi⁴⁴yɛ⁰tɕʰi²¹nɤ⁰]

就是咱们这儿人都说是"年年有个七月七，天上牛郎配织女"。[tɕʰiou⁴⁴sʅ⁰tsã²⁴mẽ⁰tʂɤr⁴⁴ʐẽ²⁴ tou²¹ʂuɤ²¹sʅ⁴⁴ "ɲiã²²ɲiã⁰iou³³kɤ⁰tɕʰi⁴⁴yɛ⁰tɕʰi²¹, tʰiã²¹ʂã⁰ɲiou²¹lã²⁴pʰei⁵³tʂʅ²¹ɲy⁰"]

牛郎和织女

　　从前有一个小伙子，家里特别穷，爸妈都去世了，只有一头老牛和他相依为伴，他和老牛每天耕地、种庄稼，村里人都叫他"牛郎"。这老牛是头神牛，看到这牛郎特别勤劳善良，就想给他成个家。有一天，老牛托梦给牛郎说第二天要在村旁的河里洗澡，拿一件粉红色的衣服回家，牛郎半信半疑，但第二天还是去了，果真有一群仙女在洗澡，他拿起一件粉红色的衣服就跑回家，当晚，就有个仙女推开他家的门，于是他俩便结为夫妻。俗话说"天上一天，人间一年"，结婚之后呢，天上过了三四天，可是人间已经过了三四年了，两人生了一个男孩、一个女孩。玉皇大帝知道他女儿不在家了，就派天兵天将去寻找，又打雷又闪电，又刮风又下雨，晚上就要把仙女叫回家，这时候，两个孩子哭着叫妈妈，这神牛听见了，就和牛郎说，你把我这角拿下来就变成筐子了，你把孩子放在里边儿，担上就可以去找仙女了。牛郎觉得有点儿奇怪，半信半疑地试了。果真，他把担子一担，把这两个筐子一挂，就慢慢儿飞了起来。就快追上仙女了，这个时候，王母娘娘看到牛郎追来了，就从头上拔了个金簪儿，划了一道，变成了一道天河。天河特别宽，两个人一个在岸这边儿，一个在岸那边儿，没法见面。喜鹊是个善良的动物，它们知道后，召集了很多喜鹊儿，成千上万只喜鹊儿就在天河上搭了一座桥，牛郎和织女就会面了。每年的七月七呢，也就是咱们这儿说的"年年有个七月七，天上牛郎配织女"。

女娲庙刨石求子 [ɲy⁴²ua²¹miao⁵³pao²¹ʂʅ²⁴tɕʰiou²⁴tsʅ⁴²]

今天呢，[tɕieŋ²¹tʰiã⁰nɤ⁰]

我给大家讲个女娲庙刨石求子的故事儿。[ŋɤ²⁴kei⁴²ta⁴⁴tɕia⁰tɕiã⁴²kɤ⁰ɲy⁴²ua²¹miao⁵³ pao²¹ʂʅ²⁴tɕʰiou²⁴tsʅ⁴²tɤ⁰ku⁴⁴sʅɚr⁰]

相传，每年的三月初十，[ɕiã²¹tʂʰua²⁴, mei⁴²ɲiã²⁴ti⁰sã²⁴yɛ⁰tsʰou²¹ʂʅ²⁴]

我们这附近村儿里的，[uɤ²²men⁰tʂɤ⁵³fu⁴⁴tɕieŋ⁰tsʰuɜr²¹li³³ti⁰]

各县里周围的这些村民们都要到这里，[kɤ²²ɕiã⁴⁴li⁰tʂou²¹uei²⁴ti⁰tʂɤ⁴⁴ɕiɛ⁰tsʰueŋ²¹mieŋ²⁴men⁰tou²¹iao⁵³
tao⁵³tʂɤ⁴⁴li⁰]

走我这侯村娘娘庙上后坟里刨娃娃哩，[tsou⁴²ŋɤ³³tʂɤ⁵³xou²⁴tsʰueŋ²¹nio²²nio⁰nio⁰miao⁴⁴ʂo⁰xou⁴⁴feŋ⁰li⁰
pao²²ua²²ua⁰li⁰] 走：到

刨娃娃哩。[pao²²ua²²ua⁰li⁰]

就是在这土堆这刨这料礓儿石，[tɕʰiou⁵³sʅ⁰tsai⁵³tʂɤ⁵³tʰu⁴²tuei²¹tʂɤ⁴⁴pao⁴⁴tʂɤ⁵³liao⁵³tɕior²¹sʅ²⁴] 料礓儿石：
小石子

刨上娃娃先装上，[pao²²ʂo⁰ua²²ua⁰ɕiã²¹tʂuã²¹ʂo⁰]

刨上长的是生男娃哩，[pao²²ʂo⁰tʂʰã²²ti⁰sʅ⁵³seŋ²¹nã²⁴ua²⁴li⁰]

刨上圆的生女娃哩。[pao²²ʂo⁰yã²²ti⁰seŋ²¹ny⁴²ua²⁴li⁰]

[那一] 节妇女们刨着，一边刨着，[nei⁵³tɕie⁰fu⁴⁴ny⁰men⁰pao²²tʂɤ⁰, i²⁴piã²¹pao²²tʂɤ⁰]

嘴里还说着：神堂老人家，[tsuei³³li⁰xã²⁴ʂuɤ²¹tʂɤ⁰: seŋ²²tʰã⁰lao³³zeŋ⁰tɕia²¹]

娘娘老人家，[nio²²nio⁰lao³³zeŋ⁰tɕia²¹]

给我送个儿会打会算的，[kei⁴²ŋɤ⁴²sueŋ⁴⁴kɤr⁰xuei⁵³ta⁴²xuei⁵³suã⁵³ti⁰]

我要能打会算的，[ŋɤ⁴²iao²⁴neŋ²⁴ta⁴²xuei⁵³suã⁵³ti⁰]

不要河西里卖炭的，[pu²²iao⁰xo²⁴ɕi²¹li⁰mai⁵³tʰã⁵³ti⁰]

给我送个儿精致伶俐的，[kei⁴²ŋɤ⁴²sueŋ⁴⁴kɤr⁰tɕieŋ²¹tsʅ⁰liɛ²²li⁰ti⁰]

不要兀节颔水不涕的，[pu²²iao⁰u⁴⁴tɕie⁰xã²¹ʂu⁴²pu²²tʰi⁰ti⁰] 兀节：那个；颔水不涕：口水鼻涕

他们就是使劲儿地刨。[tʰa²¹men⁰tɕiou⁴⁴sʅ⁰sʅ³³tɕiɜr⁰ti⁰pao²²]

有的 [这下] 刨到的呢就高兴的，[iou³³ti⁰tʂa²¹pao²²tao⁰ti⁰nɤ⁰tɕiou⁵³kao²¹ɕieŋ⁰ti⁰]

然后拿着不说话，[zã²⁴xou⁵³na²²tʂɤ⁰pu²²ʂuɤ²¹xua⁵³]

拿着这节得"石包儿，完了就到庙上，[na²²tʂɤ⁰tʂɤ⁵³tɕie²¹tei²¹sʅ⁰paor²¹, uã²⁴lɤ⁰tɕiou⁵³tao⁵³miao⁴⁴ʂo⁰]

得"石：石头

和娘娘许愿去了，[xɤ²⁴nio²²nio⁰ɕy⁴²yã²⁴tɕʰi⁴⁴lɛ⁰]

嗯，许愿去了。[ŋeŋ²¹, ɕy⁴²yã²⁴tɕʰi⁴⁴lɛ⁰]

说明年如果要能生下孩子的话怎么怎么，[ʂuɤ²¹mieŋ²²niã⁰zu²⁴kuɤ⁰iao⁵³neŋ²⁴seŋ²¹ɕia⁰xai²²tsʅ⁰ti⁰xua⁵³
tseŋ³³mɤ⁰tseŋ³³mɤ⁰]

306

跟娘娘许愿哩。[keŋ²¹n̠iɑ²²n̠iɑ̃⁰ɕy⁴²yɑ̃²⁴li⁰]

刨不到的呢？[pao²²pu²¹tao⁵³ti⁰nɤ⁰]

就找个没人的地方儿在兀里哭上一顿，[tɕiou⁵³tsao³³kɤ⁰mei²⁴zəŋ²⁴ti⁰ti⁴⁴fɚ⁰tsʰai⁵³u⁵³li⁰kʰu²¹ʂo⁰¡²¹tueŋ²⁴]

兀里：那里

到第二年呢再来，[tao⁵³ti⁵³ər⁵³n̠iɑ̃²⁴nɤ⁰tsai⁵³lai²⁴]

第二年再来。[ti⁵³ər⁵³n̠iɑ̃²⁴tsai⁵³lai²⁴]

这是呢娘娘庙刨娃娃的故事儿。[tʂɤ⁴⁴sʅ⁰nɤ⁰n̠io²²n̠io⁰miao⁵³pao²²uɑ²²uɑ⁰ti⁰ku⁴⁴sʅər⁰]

女娲庙刨石求子

　　今天，我给大家讲个女娲庙刨石求子的故事。相传，每年的三月初十，侯村附近村里的、县城周围的村民们都要到侯村娘娘庙后面的求子堆刨娃娃，其实是刨土堆中的陨石，刨到后先装起来，长的代表男孩，圆的代表女孩。妇女们一边刨着，一边嘴里还念叨："女娲娘娘，请赐给我一个聪明伶俐的孩子"等等。刨到的呢，不和别人说话，高高兴兴地去庙里许愿去了；没刨到的呢，伤心地哭了起来，明年再来刨，这是娘娘庙刨娃娃的故事。

龟驮碑的故事儿 [kuei²¹tʰuɤ²⁴pei²¹ti⁰ku⁴⁴sʅər⁰]

下边呢，我再给大家讲一个庙上的，[ɕia⁵³piɑ²¹nɤ⁰, ŋɤ⁴²tsai⁵³kei³³tɑ⁴⁴tɕiɑ⁰tɕiɑ̃³³i²²kɤ⁰miao⁴⁴ʂo⁰ti⁰]

侯村庙的龟驮碑在水池里喝水的事。[xou²⁴tsʰueŋ²¹miao⁵³ti⁰kuei²¹tʰuɤ²⁴pei²¹tsʰai⁵³ʂuei³³tʂʅ⁰li xɤ²¹ʂuei²⁴ti⁰sʅ⁵³]

相传呀，原来庙上的龟驮碑呢都是活的，[ɕiɑ̃²¹tʂʰuɑ̃²⁴iɑ⁰, yɑ̃²⁴lai²⁴miao⁴⁴ʂo⁰ti⁰kuei²¹tʰuɤ²⁴pei²¹nɤ⁰ tou²¹sʅ⁰xuɤ²²ti⁰]

龟驮碑是活的，[kuei²¹tʰuɤ²⁴pei²¹sʅ⁰xuɤ²²ti⁰]

每天晚上呢到半夜的时候呢，[mei³³tʰiɑ̃⁰uɑ̃³³ʂɑ̃⁰nɤ⁰tao⁵³pɑ̃⁴⁴iɛ⁰ti⁰sʅ²²xou⁰nɤ⁰]

它们要到侯村□泊里。[tʰɑ²¹meŋ⁰iao⁵³tao⁵³xou²⁴tsʰueŋ²¹n̠iɑ̃⁵³pʰo⁰li⁰] □泊 [n̠iɑ̃⁵³pʰo⁰]：水池

这点有个水池，[tʂɤ⁴⁴tiɑ̃⁰iou³³kɤ⁰ʂuei⁴²tʂʅ²⁴] 这点：这儿

□泊里呢驮着碑就喝水去啊，[n̠iɑ̃⁵³pʰo⁰li⁰nɤ⁰tʰuɤ²²tʂɤ⁰pei tɕiou⁵³xɤ²¹ʂu²⁴tɕʰi⁰liɑ⁰]

就喝水去啊。[tɕiou⁵³xɤ²¹ʂu²⁴tɕʰi⁰liɑ⁰]

可是到喝完水以后呢又回来。[kʰɤ³³sʅ⁰tao⁵³xɤ²¹uã²⁴ʂu⁴²i³³xou⁰nɤ⁰iou⁵³xuei²²lai⁰]

第二天人也不知道，[ti⁵³ər⁰tʰiã²¹ʐeŋ²²iɛ⁰pu²²tʂʅ²¹tao⁵³]

不知道 [那一] 个龟驮碑是活的。[pu²²tʂʅ²¹tao⁰nei⁵³kɤ⁰kuei²¹tʰuɤ²⁴pei²¹sʅ⁵³xuɤ²²ti⁰]

有一天呢，庙上的一个小和尚，[iou³³i⁰tʰiã²¹nɤ⁰, miao⁴⁴ʂã⁰ti⁰i²²kɤ⁰ɕiao³³xɤ⁰ʂã⁰]

[那一] 个小和尚呢晚上茅里跑哩。[nei⁵³kɤ⁰ɕiao³³xɤ²²ʂã⁰nɤ⁰uã³³ʂã⁰mao²²li⁰pʰao³³li⁰] 茅里跑：拉肚子

就是拉了肚子啊，[tɕiou⁴⁴sʅ⁰la²¹liou⁰tʰu⁴⁴tsʅ⁰lia⁰]

正好出去，说哎，[tʂeŋ⁵³xao⁰tʂʰu²¹tɕy⁰, ʂuɤ²¹ai²⁴]

怎么看着那个龟驮碑不见两呢？[tseŋ³³mɤ⁰kʰã⁴⁴tʂɤ⁰na⁵³kɤ⁰kuei²¹tʰuɤ²⁴pei²¹pu²²tɕiã⁰lia⁰nɤ⁰]

于是呢，他就顺着脚印儿就找找找，[y²⁴sʅ⁵³nɤ⁰, tʰa²¹tɕiou⁵³ʂuen⁵³tʂɤ²¹tɕio⁴⁴iɚ⁰tɕiou⁵³tsao⁴²tsao⁴²tsao⁴²]

找着一直跟着脚印儿找到侯村□泊里。[tsao³³tʂɤ⁰i²¹tʂʅ²⁴ken²¹tʂɤ²¹tɕio⁴⁴iɚ⁰tsao⁴²tao⁰xou²⁴tsʰuen²¹n̠iã⁵³pʰo⁰li⁰]

看见□泊里呢，[kʰã⁴⁴tɕiã⁰n̠iã⁵³pʰo⁰li⁰nɤ⁰]

龟正驮着碑在那儿喝水呢。[kuei²¹tʂeŋ⁵³tʰuɤ²²tʂɤ⁰pei²¹tsai⁵³nɐr⁵³xɤ²¹ʂuei²⁴nɤ⁰]

啊呀，原来你在这儿呢，[a²¹ia⁰, yã²²lai⁰n̠i³³tsai⁵³tʂɤr⁵³nɤ⁰]

可找到你啦。[kʰɤ⁴²tsao³³tao⁰n̠i³³la⁰]

哎，他大声一叫，啊，[ai²⁴, tʰa²¹ta⁵³ʂeŋ²¹i²¹tɕiao²⁴, a²¹]

[那一] 龟听到以后呢想，[nei⁵³kuei²¹tʰieŋ²¹tao⁰i³³xou⁰nɤ⁰ɕiã⁴²]

咦，猛一抬头，[i²⁴, meŋ⁴²i²¹tʰai²⁴tʰou²⁴]

把 [那一] 个头掉到□泊里了，[pa⁴²nei⁵³kɤ⁰tʰou²⁴tiao⁴⁴tao⁰n̠iã⁵³pʰo⁰li³³lɛ⁰]

所以至今娘娘庙上 [那一] 个龟驮碑呢，[suɤ³³i⁰tʂʅ⁴⁴tɕieŋ⁰n̠io²²n̠io⁰miao⁴⁴ʂo⁰nei⁵³kɤ⁰kuei²¹tʰuɤ²⁴pei²¹nɤ⁰]

有一个龟没有头，[iou³³i²¹kɤ⁰kuei²¹mei²²iou⁰tʰou²⁴]

就是就这掉到侯村□泊里啊。[tɕiou⁵³sʅ⁰tɕiou⁵³tʂɤ⁵³tiao⁴⁴tao⁰xou²⁴tsʰuen²¹n̠iã⁵³pʰo⁰li³³lia⁰]

这是龟驮碑的故事儿。[tʂɤ⁵³sʅ⁰kuei²¹tʰuɤ²⁴pei²¹ti⁰ku⁴⁴sʅɚr⁰]

龟驮碑的故事儿

我再给大家讲一个龟驮碑在水池里喝水的事。相传呀，原来娘娘庙上的驮碑的乌龟都是活的，

每天半夜的时候，它们要到池塘里喝水。喝完水后再回到庙里，很长时间人们都没发现乌龟是活的。有一天，庙里一个小和尚拉肚子，半夜上厕所的时候发现龟驮碑不见了，于是就顺着脚印找到了池塘那里，看见乌龟正驮着碑在那里喝水呢，他大声一叫，乌龟受到惊吓，不小心把龟头掉到了水里，所以至今娘娘庙的一个龟驮碑没有龟头，这是龟驮碑的故事。

枷儿的故事儿 [tɕier²¹tiºku⁴⁴sʅərº]

再给大家讲一个每年在庙上烧枷儿的故事儿，[tsai⁵³kei⁴²ta⁵³tɕia²¹tɕiã⁴²;i²¹kɤºmei⁴²n̠iã²⁴tsai⁵³miao⁴⁴

ʂãºʂao²¹tɕier²¹tiºku⁴⁴sʅərº] 枷儿：用秸秆做成的三角形架子，架子上缠着红色和黄色的纸条（见图 7-37）

啊烧枷儿。[a²¹ʂao²¹tɕier²¹]

烧枷儿这个故事儿呢，[ʂao²¹tɕier²¹tʂɤ⁵³kɤºku⁴⁴sʅərºnɤº]

现在怎么烧呢？[ɕiã⁵³tsai⁵³tseŋ³³maºʂao²¹nɤº]

相传在很早以前，[ɕiã²¹tʂʰuã²⁴tsai⁵³xeŋ⁴²tsao⁴²i⁴²tɕʰiã²⁴]

女娲 [那一] 个时候儿呢，[n̠y⁴²ua²¹nei⁵³kɤºsʅ²²xourºnɤº]

这里有很多野兽，[tʂɤ⁴⁴liºiou⁴²xeŋ⁴²tuɤºiɛ⁴²ʂou⁵³]

有很多野兽。[iou⁴²xeŋ⁴²tuɤºiɛ⁴²ʂou⁵³]

女娲呢就为了防止这些野兽伤害老人小孩儿，[n̠y⁴²ua²¹nɤºtɕiou⁴⁴uei⁵³liouºfã²²tsʅºtʂɤ⁵³ɕieºiɛ⁴²ʂouº

ʂã²¹xai²⁴lao⁴²zeŋºɕiao⁴²xɐr²⁴]

于是就拿了许多呢草料□儿的圪刺，[y²²sʅºtɕiou⁴⁴na²²liouºɕy⁴²tuɤºnɤºtsʰao⁴²liaoºpðr²¹tiºkɤ²¹tsʰʅ²⁴]

□儿 [pðr²¹]：等

什么呢糊了，[ʂeŋ²²maºnɤºxu²²liouº]

扎个三角儿形的，[tsa²¹kɤºsã²¹tɕiorºɕieŋºtiº]

戴到老人或者是小孩儿的脖子里。[tai⁵³taoºlao⁴²zeŋ²⁴xuɛɤºtʂɤºsʅ⁵³ɕiao⁴²xɐr²⁴tiºpʰo²²tsʅºliº]

有圪刺么，[iou³³kɤ²¹tsʰʅ²⁴mɤº]

野兽就不敢轻易地咬人哃。[iɛ⁴²ʂouºtɕiou⁵³pu²¹kã⁴²tɕʰieŋ²¹i²⁴tiºiao⁴²zeŋ²⁴liaº]

不敢轻易地咬人哃，[pu²¹kã⁴²tɕʰieŋ²¹i²⁴tiºiao⁴²zeŋ²⁴liaº]

防止了 [那一] 些野兽。[fã²⁴tsʅ⁴²liouºnei⁵³ɕieºiɛ⁴²ʂouº]

所以呢，和现在就留下，[suɤ⁴²iºnɤº，xɤ⁴²ɕiã⁴⁴tsai⁵³tɕiouºliou²²ɕiaº]

现在人们就留下什么呢？ [ɕiã⁴⁴tsai⁰ʐeŋ²²men⁰tɕiou⁵³liou²²ɕia⁰ʂeŋ²²ma⁰nɤ⁰]

每年的三月初十人们带着 [那一] 些孩子，[mei⁴²n̠iã²⁴ti⁰sã²¹yɛ⁰tsʰou²¹ʂʅ²⁴ʐeŋ²²men⁰tai⁴⁴tʂɤ⁰nei⁵³ɕie⁰
xai²²tsʅ⁰]

就现在糊的呢，[tɕiou⁵³ɕiã²¹tsai⁵³xu²²ti⁰nɤ⁰]

就是用谷秆儿弄个三角儿形的糊起来，[tɕiou⁵³sʅ⁰yeŋ⁵³ku²¹kɐr⁰nueŋ⁴⁴kɤ⁰sã²¹tɕior⁴²ɕieŋ⁰ti⁰xu²²tɕʰi³³
lai⁰]

三个角儿上呢都糊有红的红纸，[sã²¹kɤ⁰tɕior⁴²ʂã⁰nɤ⁰tou²¹xu²²iou⁰xueŋ²²ti⁰xueŋ²⁴tsʅ⁴²]

中间呢这秆秆儿上头呢用的黄的条条，[tʂueŋ²¹tɕiã²¹nɤ⁰tʂɤ⁵³kã³³kɐr⁰ʂã⁴⁴tʰou⁰nɤ⁰yeŋ⁵³ti⁰xuã²²ti⁰tʰiao²²
tʰiao⁰]

黄纸，剪成像，就是咱这圪刺，[xuã²²tsʅ⁴²，tɕiã⁴²tʂʰeŋ²⁴ɕiã⁵³，tɕʰiou⁵³sʅ⁰tsa²²tʂɤ⁰kɤ²¹tsʰʅ²⁴]

像刺儿一样的条条儿缠绕起来，[ɕiã⁵³tsʰɚr⁵³i²²iã⁰ti⁰tʰiao²²tʰiaor⁰tʂʰã²⁴ʐao⁵³tɕʰi²²li⁰]

戴在孩子们的脖子上。[tai⁵³tsai⁰xai²²tsʅ⁰men⁰ti⁰po²²tsʅ⁰ʂã⁰]

每年呢孩子们来走这庙上呢，[mei⁴²n̠iã²⁴nɤ⁰xai²²tsʅ⁰men⁰lai²⁴tsou⁴²tʂɤ⁰miao⁴⁴ʂã⁰nɤ⁰]

戴着这个枷儿烧枷儿。[tai⁵³tʂɤ⁰tʂɤ⁵³kɤ⁰tɕiɐr²¹ʂao²¹tɕiɐr⁰]

烧枷儿这个故事就是源于女娲防野兽的传下来的。[ʂao²¹tɕiɐr⁰tʂɤ⁴⁴kɤ⁰ku⁴⁴sʅ⁰tɕiou⁴⁴sʅ⁰yã²²y⁰n̠y³³
ua⁰fã²⁴iɛ⁴²ʂou⁰ti⁰tʂʰuã²²ɕia⁵³lai⁰ti⁰]

枷儿的故事儿

再给大家讲一个娘娘庙上"烧枷儿"的故事。相传在很早以前，侯村这里有很多野兽，女娲为了防止这些野兽伤害老人小孩，于是就拿了许多带刺的枝条扎成三角形，戴在老人小孩的脖子上。因为有刺保护，野兽就不敢轻易伤人。所以呢，现在留下每年三月初十人们带着孩子去庙上"烧枷儿"的习俗，孩子脖子上戴着用谷秆做成的三角形，上面缠着红纸条或黄纸条的"枷儿"，去娘娘庙里烧掉。"烧枷儿"这个习俗就是源于女娲防野兽的故事。

一、印象洪洞

在我们的调查团队中，只有乔全生教授对洪洞最为熟悉，因为乔老师早在 20 世纪 80 年代初就调查过洪洞方言，1983 年出版《洪洞方言志》，1999 年出版《洪洞方言研究》。其他成员虽是地道的山西人，但对洪洞却是陌生的。

团队成员对洪洞的了解也仅限于："洪洞"的"洞"，不读 dòng，而读 tóng；也只是听到过"问我故乡在何处，山西洪洞大槐树，祖先故居叫什么，大槐树下老鹳窝"的民谣和"苏三离了洪洞县，将身来在大街前……"的传唱；也单单是从火车站、动车站、飞机场看到的"洪洞大槐树寻根祭祖园""广胜寺"宣传画。却从未真正深入了解过这片土地。团队中有的成员作为游客曾在大槐树景区有短暂的游览，但并不熟悉这儿的方言，更不熟悉这里的风土人情。

我们接触洪洞方言，是从乔老师的《洪洞方言志》及《洪洞方言研究》开始的。但就赵城镇方言来说，乔老师当年也只去调查过与洪洞大槐树镇方言的差异。这次专门选择赵城做方言文化典藏，对乔老师来说是第一次，对我们来说更是第一次。

二、结缘洪洞

2016 年，山西省洪洞县赵城镇被确定为"中国语言资源保护工程·山西汉语方言调查"项目的调查点。乔全生教授为课题负责人。赵城镇侯村的申拽宝先生是我们调查前期经过严苛的筛选，在年龄身体、精神面貌、生活环境和方言要求等方面完全符合老年男性发音人的遴选条件后确定下来的，发音群体是申拽宝先生靠着自己的威望和号召力根据项目的需要召集起来的。自此，我们与申先生以及这个群体、与侯村、与赵城、与洪洞结下了不解之缘。

我们一行从洪洞高铁站下车、再转乘去赵城镇侯村的汽车，抵达侯村。放下行李，我们便去拜访申先生。当申先生得知我们还需要老年女性、青年男性、青年女性、地方普通话和口头文化等若干名发音人后，当下拿起手机为我们联系，将自己的同学、朋友和邻里熟人等召集起来。在他的感召下，原本寻找多种发音人的困难环节变得轻松而又简单。他以身作则，不仅亲自上阵担任了重要角色——"老男"，而且还召唤自己的侄儿、侄媳妇等家人一起参与。从

10-2 ◆ “语言方言文化调查·山西洪洞”项目组成员（后排）与发音人
（前排，从左到右依次为乔三女、高光亮、王秀生、申拽宝、崔明珠、崔丁杵、孔秀丽）合影

初期的纸本调查到后期的录音摄像，这个发音群体都能热情积极地配合我们的工作。最为可贵的是，摄录期间正值赵城地区的三伏天，在密闭安静的摄录环境下他们热得大汗淋漓，但没有一个人退出，甚至没有一句怨言。为了配合摄录工作，他们不仅放弃了休息时间，而且不论身处何地，总是随叫随到。这份对语保工作的热情和奉献令人钦佩，钦佩的同时，更多的是感动和心疼。他们除了在工作上精诚配合，在生活上常给予我们无微不至的照顾，邀请我们去家里吃饭，送一些自家种的瓜果等。赵城的语保工作之所以能进行得相当顺利，圆满地通过验收，这其中有申先生以及这个发音群体的一份功劳，我们不能不感谢申先生以及这个发音群体对语保工作无私的投入。

2016 年年底，田立新司长带队赴洪洞调研，组织召开现场会，对语保工程建设做出部署，并指示对洪洞方言文化做调查保护，故才有了本项目。

10-3 ◆ "语言方言文化调查·山西洪洞"项目负责人乔全生教授（后排右一）与民间口传文化艺人在一起

三、难舍洪洞

语保之后，想着以后不可能再去洪洞了，心中不免有些难舍。

2017年7月，以乔老师为首席专家申报的"语言方言文化调查·山西洪洞"项目（又称"方言文化典藏"）获批，并确定以赵城镇侯村为主要调查点，兼顾洪洞全境。项目组成员将在老师的指导下开展工作。我们听后异常兴奋，这下又可以与赵城侯村一个个熟悉的发音人见面了。

"语言文化典藏"项目（以下称为"典藏"）的调查任务主要有两个：一是语料调查，根据《中国方言文化典藏调查手册》设置的条目记录方言音系与方言文化语料。二是要做高品质的拍照、录音、摄像工作。2017年12月30日，调查团队再次抵达侯村，见到申先生时，我们才知他在语保工作结束后，因脑梗死和腰椎疼痛曾两次住院，如今稍有好转，但行动仍然不便。他虽身体抱恙，不能亲自上阵，但依然心系文化典藏，一如既往地发挥着他的作用，将

10-4 ◆ "语言方言文化调查·山西洪洞"项目组负责人乔全生教授团队（后排）与洪洞民间口传文化艺人合影

侯村见多识广又富有热情的几位发音人召集起来，安排并叮嘱他们竭诚配合本次调查。在申先生的推荐下，高光亮先生确定为典藏项目主要发音人，此外还有孔秀丽女士、崔丁杵先生、王秀生先生、乔三女女士配合我们的工作。在纸本调查阶段，这些伯伯、叔叔、阿姨们详细地描述着、比画着物件的形状、大小、颜色、用途等，有时还画出草图，如果还不清楚的，立马又用手机搜索。纸本调查结束后，进入拍照摄录环节，除了一些新老物件外，还要涉及一年中的重要节日节令、生育丧葬等，这些只有参与到当地的实际生活中才能获得。正因为如此，让我们有了密切接触这些发音人的机会，再次感受到了他们的朴实、热情、豪爽与智慧。2018年春节期间，为了拍摄马车上的一些物件，高先生和王先生带着我们去了同村村民家，找到了废弃已久、落满灰尘的"尾棍儿""炮杆子"等，他俩脱下新衣，亲自将马车上的东西一件一件卸下来供我们拍照，每拍一件，还"调皮"地演示一下用途，等拍摄完再复归原位后，才发现他们的身上、手上、脸上全都沾满了灰尘。他们二位在接下来的几天中一直陪着我们"东奔西走""走街串巷"。到了后期，高先生俨然成了我们中的一员，与我们讨论照片从哪个角度拍摄不会有阴影，怎样才能更好地表现主题又不失美感。有一些物件不太好找，高先生灵机一动就会想到解决的办法：就地取材，切割缝合，我们都叫他"一休哥"。申先生由于身体不适，虽不能跟着我们四处奔波，但一有线索就给我们提供，他对村民总是动之以情、晓之以理，耐心地讲解着这项工程的意义。孔秀丽女士和崔丁杵先生是一对夫妻，孔女士开朗外向，崔先生沉稳内敛，二人珠联璧合，毫无怨言，给我们复制着各种饮食和节日中的活动事项，以求达到完美的效果。如遇到自己不太擅长的，孔女士还邀请精通的村民来帮忙；乔三女女士虽有两个年幼的孙子需要照顾，但只要我们需要，便无条件地配合。

四年来，赵城点的发音人从初识语保到融入其中，从单人上阵到发动多人，已成为语保工程的典型代表。他们那种朴实热情、细致周到的工作态度和吃苦耐劳、默契配合的参与精神都给我们留下了非常深刻的印象。我们团队由衷地感谢申先生以及这个群体。如今，我们走在侯村的大街上，村民们会主动跟我们亲切地打招呼：来啊？仿佛招呼外出归家的人。

我们深知，这是村民对来访亲戚们的招呼，我们显然成了这里常来常往的亲戚，其实，在我们的心里，也早已与他们融为了一体。

冯良珍、白静茹、侯立睿 2014 《平遥方言民俗图典》，语文出版社。

李国富等编著 2008 《洪洞金石录》，山西古籍出版社。

乔全生 1987 洪洞方言差异成因及比较，《山西大学学报》第 3 期。

乔全生 1999 《洪洞方言研究》，中央文献出版社。

乔全生、李小萍 2016 古老山西方言 方言演变的活化石，《光明日报》4 月 3 日。

桑宇红、许慧敏、刘晶 2017 《中国语言文化典藏·井陉》，商务印书馆。

王秋平主编 2014 《赵城镇志》，山西人民出版社。

王莉宁 2017 《中国语言文化典藏·澳门》，商务印书馆。

邢向东、柯西刚、朱立挺 2014 《西安方言民俗图典》，语文出版社。

中国社会科学院语言研究所词典编辑室 2016 《现代汉语词典（第 7 版）》，商务印书馆。

索引

1. 索引收录本书"壹"至"捌"部分的所有条目，按条目音序排列。"玖"里的内容不收入索引。

2. 条目首字如是《现代汉语词典》（第7版）未收的字、方框"□"，统一归入"其他"类，列在索引最后，并标出整个词的音。

3. 条目中如有方框，在后面标出整个词的音。

4. 每条索引后面的数字为条目所在正文的页码。

中国语言文化典藏

中国语言文化典藏

中国语言文化典藏

中国语言文化典藏

洪洞

索引

中国语言文化典藏

与侯村结缘，始于 2016 年 7 月的赵城语保工作。在各位发音人的配合下，赵城的语保工作顺利通过验收，洪洞人刚正、热情、豪爽的性格深深植入了我们的脑海。

2017 年 7 月，"中国语言资源保护工程·语言方言文化调查·山西洪洞"项目获批，于是我们继续向侯村"进军"。我们将侯村作为主要调查点，由于调查内容除了一些老新物件外，还涉及一年之中的各种节日节令，这些只有深入参与到当地的生活中才能获得，再加上还要使用规定的高品质拍摄器械及高要求的摄录手段采集数据，因此需要多次赴洪洞各乡镇村进行实地调查，之后还要进行大量的资料整理、核对、编排与归档工作，任务十分艰巨。于是，我们于 2017 年 12 月，2018 年 2 月、4 月、6 月、10 月及 2019 年 4 月、5 月、6 月等先后十多次赴洪洞进行调查、拍摄及补充工作。最终，以"中国语言文化典藏"的统一大纲和要求为基础编写了本书初稿，随后，我们请发音合作人对书稿中的发音及词条内容进行了核实。

三位作者工作如下：

乔全生除了对全书进行统筹外，还负责方言条目、图片的取舍、修改、核实，负责审订书稿内容；

王晓婷带领调查团队主要成员王增程、刘洋、高晓慧负责调查工作，条目的拟定、安排、编写及书稿的撰写、图片的甄选；

赵海英带领摄录团队负责词条图片及视频的拍摄与后期处理。

此外，杨伟摄录团队负责了部分条目的拍摄工作。

经过多次修改，书稿即将付梓。感谢主编曹志耘教授及各位编委老师，他们数次给予书稿意见与建议，不厌其烦地多次与作者沟通，大到框架，小到语句，无不渗透着他们的心血；感谢发音人高光亮先生、申拽宝先生、孔秀丽女士、崔明珠先生、崔丁杵先生、乔三女女士、王秀生先生的精诚配合，他们舍弃了休息时间、搁置了手中的工作，正是在他们的全力支持下，我们获得了如此丰富而宝贵的方言与文化资料，还要感谢众多不知名的为我们提供物件及线索的洪洞人民。

洪洞方言文化源远流长、丰富多彩，限于篇幅及作者水平、精力，本书定有不尽完善之处，敬请读者朋友们批评指正！

乔全生　王晓婷　赵海英

2020 年 7 月

图书在版编目（CIP）数据

中国语言文化典藏. 洪洞 / 曹志耘，王莉宁，李锦芳主编；
乔全生，王晓婷，赵海英著. —北京：商务印书馆，2022
ISBN 978-7-100-21041-6

Ⅰ. ①中⋯ Ⅱ. ①曹⋯ ②王⋯ ③李⋯ ④乔⋯ ⑤王⋯
⑥赵⋯ Ⅲ. ①北方方言—方言研究—洪洞县 Ⅳ. ① H17

中国版本图书馆 CIP 数据核字（2022）第 063527 号

中国语言文化典藏·洪洞

曹志耘　王莉宁　李锦芳　主编
乔全生　王晓婷　赵海英　著

————————————

商务印书馆出版
（北京王府井大街 36 号　邮政编码 100710）
商务印书馆发行
南京爱德印刷有限公司印刷
ISBN 978-7-100-21041-6

————————————

2022 年 8 月第 1 版
2022 年 8 月第 1 次印刷
开本：787×1092　1/16
印张：21¼

定价：280.00 元